Moses Bloch

20. Jahresbericht der Landes-Rabbinerschule

Das mosaisch-talmudische Besitzrecht

Moses Bloch

20. Jahresbericht der Landes-Rabbinerschule
Das mosaisch-talmudische Besitzrecht

ISBN/EAN: 9783744657143

Hergestellt in Europa, USA, Kanada, Australien, Japan

Cover: Foto ©Suzi / pixelio.de

Weitere Bücher finden Sie auf **www.hansebooks.com**

20.

JAHRESBERICHT

DER

LANDES-RABBINERSCHULE

IN BUDAPEST

FÜR DAS SCHULJAHR 1896—97.

VORANGEHT:

DAS MOSAISCH-TALMUDISCHE
BESITZRECHT

VON

PROF. MOSES BLOCH.

BUDAPEST.
1897.

Vorwort.

In der mosaisch-talmudischen Rechtslehre unterscheidet sich das Besitz- und Ersitzrecht von allen andern Rechtsgesetzen darin, dass während diese zum grossen Theile in der Thora vorgeschrieben sind und die mündliche Lehre sie theils auf Grundlage der Tradition, theils nach den überlieferten Interpretationsregeln erklärt, erläutert und je nach den Bedürfnissen der Zeit und der Verhältnisse ergänzt und erweitert hat, die gesetzlichen Vorschriften über Besitz und Ersitzung in der schriftlichen Lehre kaum angedeutet sind; bloss in Folge der traditionellen Ueberlieferung und gestützt auf Rechtsprinzipien und allgemeine Lehrsätze der schriftlichen Lehre wurde das Besitz- und Ersitzungsrecht in der Mischna und im Talmud als Gesetz aufgestellt, erläutert und erweitert und gleich den anderen Rechtsgesetzen als mosaisch-talmudisches Recht anerkannt. Diese Bemerkung macht schon die Mischna (Chagiga 10ᵃ) mit den Worten הדינין יש להן על מה שיסמכו והן הן גופי תורה. „Die sämmtlichen Rechtsgesetze, auch jene, welche in der Thora nicht ausdrücklich erscheinen, haben ihre Begründung in derselben und sind ebenso bindend, gehören ebenso zur Thora wie die, welche die Schrift als Gesetz aufstellt." Dieses ist auch der Grund, warum dieser Abhandlung über das Besitz- und Ersitzungsrecht die Bezeichnung „mosaisch-talmudisch" beigelegt wurde.

Noch ist zu bemerken, dass wohl die Gesetze bezüglich der Ersitzung zum grössten Theile in den ersten drei Abschnitten des Talmud Baba Bathra behandelt werden und von Maimûni und R. Jakob b. Ascher im Tur codificirt sind, nicht jedoch die über das Besitzrecht. Ueber diese wird in mehreren Tractaten des Talmuds an verschiedenen Stellen gehandelt, sie befinden sich an keiner dieser Stellen aneinander gereiht und geordnet, überdies sind sowohl bezüglich des Besitzes als der Ersitzung die massgebenden Decisoren sehr oft getheilter Meinung. Dieses Alles zu sammeln, zu ordnen und mit Hinweisung auf die betreffenden Quellen im Talmud und in den Codices in ein System zu bringen und endlich so manchen Vergleich mit dem römischen Rechte aufzustellen, hat sich der Verfasser in der vorliegenden Abhandlung zur Aufgabe gestellt.

Budapest im Mai 1897.

Der Verfasser.

Inhaltsübersicht.

	Seite.
Vorwort	I—II

Erster Abschnitt.

I. Capitel: Die allgemeinen Grundsätze	1—4
§ 1. Begriff des Besitzes	1—2
§ 2. Volles und beschränktes Eigenthum	2—3
§ 3. Besitzschutz	3—4
II. Capitel: Arten des Besitzes	4—12
§ 4. Allgemeine Eintheilung	4
§ 5—6. Rechtlicher Besitz	4—8
§ 7. Redlicher Besitz	8—10
§ 8. Besitz mala fide	10—12

Zweiter Abschnitt.

I. Capitel: Objecte des Besitzes	13—15
§ 9. Allgemeine Eintheilung.	13
§ 10—11. Besitz unbeweglicher Güter	13—15
II. Capitel: Ersitzung oder dreijähriger Besitz	15—26
§ 12. Begriff und Grund der Ersitzung	15—16
§ 13. Eintheilung der Immobilien bezüglich der Ersitzung	16—17
§ 14. Besitz von Häusern und sonstigen Gebäuden	17—19
§ 15. Zeugniss der Miether	19—20
§ 16. Fortsetzung der Besitzbedingungen	20—21
§ 17—18. Nähere Bestimmungen der מחאה	21—25
§ 19. Fortsetzung der Ersitzbedingungen	25
III. Capitel: Besitz von Feldern und Weingärten	26—30
§ 20, 21, 22., Zeit des Besitzes	26—28
§ 23—24. Besondere Bestimmung beim Besitze von Bäumen	29—30

Dritter Abschnitt.

I. Capitel: Ausschluss der Ersitzung	31—34
§ 26. Der Baumeister als Besitzer	31—32
§ 27. Gesellschafts-Verhältniss	32

	Seite.
§ 28. Das Verhältniss des Feldarbeiters zum Eigenthümer	32—33
§ 29—30. Das Verhältniss zwischen Ehegatten	33—34
§ 31. Das Verhältniss zwischen Vater und Sohn	34—35
§ 32. Das Verhältniss des Vormunds zum Mündel	35

II. Capitel: Ausschluss durch die persönliche Beschaffenheit
des Besitzers oder des Eigenthümers . . . . 35—38
 § 33. Der Räuber . . . . 35—36
 § 34. Minderjährige Eigenthümer . . . . 36—37
 § 35. Eigenthum eines Flüchtlings 37
 § 36. Güter der Synagoge und milden Stiftungen . . . 38

Vierter Abschnitt.

I. Capitel: Besitz beweglicher Güter . . . . 39—47
 § 37. Eintheilung 39
 § 38. Begriffsbestimmung . . . . 39—41
 § 39. Besitz von leblosen beweglichen Sachen, die nicht
  bestimmt sind, geliehen und vermiethet zu werden 41—43
 § 40—41. Besitz beweglicher Sachen, die geliehen oder
  vermiethet werden . . . . 43—45
 § 42—43. Handwerker als Besitzer von Mobilien . . . 45—46
 § 44. Der Sohn des Handwerkers . . . . 46—47

II. Capitel: Besitz von lebenden Gegenständen . . . . . . 47—48
 § 45. Thiere . . . . 47—48
 § 46. Sklaven 48

Fünfter Abschnitt.
Von den Servituten

II. Capitel: . . . . 49—54
 § 47. Begriff der Servituten 49
 § 48—49. Haupteintheilung der Servituten . . . . . 49—54

II. Capitel: Servituten-Ersitz . . . . 54—60
 § 50. Bestimmung der Ersitzung . . . . 54—56
 § 51—52. Servituten ohne Ersitzungsrecht . . . . . 56—59
 § 53. Grenznachbar-Recht . . . . 59—60

Erster Abschnitt.

Der Besitz.

I. Capitel.
Die Allgemeinen Grundsätze.

§ 1.
Begriff des Besitzes.

Eigenthum einer Sache und Besitz derselben sind nach mosaisch-talmudischem sowie nach römischem Rechte zwei verschiedene Begriffe.

Eigenthum (דבר שהוא שלו, dominium) ist dasjenige Recht an einer körperlichen Sache, vermöge dessen man sie als שלו, als die seinige ausschliesslich zu gebrauchen und nach Willkühr darüber zu verfügen berechtigt ist. Der Eigenthümer einer Sache ist der (בעל דבר) Herr derselben (dominus rei), dem die generelle Herrschaft zusteht, die ihm die Macht über die Sache gewährt, welche nach Natur und Gesetz möglich ist.

Besitz hingegen (דבר שהוא ברשותו, possessio) ist die blosse factische Innehabung einer Sache, rechtlich oder widerrechtlich, mit der Möglichkeit und dem Willen (animus) sie zu benützen und jeden Anderen vom Gebrauche derselben auszuschliessen. Man ist daher in diesem Falle bloss Besitzer (תופס, מוחזק, possessor), nicht aber Eigenthümer (בעל דבר, dominus) der Sache.

Anmerkung: Ueber die Begriffsbestimmung des Besitzes sowie über den Grund des Besitzschutzes im römischen Rechte sind die grössten Rechtslehrer uneinig. Auf der einen Seite stehen Savigny und seine zahlreichen Anhänger, auf der anderen Jhering und seine Schule und in der Mitte andere Gelehrte, welche die gegebenen Definitionen und deren Begründung critisiren, rectificiren und umgestalten[1]). Der talmudische Begriff מוחזק bedeutet Festhalten, sowie רשות Herrschaft, Macht ausdrückt, daher die im Texte gegebene Definition des Begriffes Besitz: die Möglichkeit und die Macht die Sache zu benützen und jeden Andern hievon auszuschliessen. דבר שהיא ברישותו Eine Sache, die sich in der Machtsphäre Jemandes befindet.

§ 2.
Volles und beschränktes Eigenthum.

In der Regel ist der Eigenthümer einer Sache zugleich Besitzer derselben und ist das Eigenthumsrecht dann ein volles, wenn es die volle und ausschliessliche Macht über die Sache gewährt. Es schliesst dann Besitz, Nutzung, Gebrauch, Verbrauch und Veräusserung in sich und zwar nicht als besondere Rechte sondern als Ausflüsse des einen Eigenthums.

Es kann aber der ihm an sich zukommenden Befugnisse mehr oder weniger entkleidet werden, oft ruhen Niessbrauchsrechte oder Servitute auf der Sache, welche dem Eigenthümer die Nutzungen entziehen oder beschränken, oft ist ein Anderer im Besitz der Sache mit oder ohne Wissen und Willen des Eigenthümers und es fehlt ihm die Macht seine Herrscherrechte auszuüben. Es fehlt ihm nicht nur die Möglichkeit die Sache zu gebrauchen, sondern er ist auch nicht berechtigt, dieselbe auf einen Anderen zu übertragen. אין אדם מקנה דבר שאינו ברשותו „Eine Sache, die man nicht besitzt, kann man weder verkaufen noch verschenken," גזל ולא נתייאשו הבעלים שניהם אינן יכולי׳ להקדישו זה לפי׳ שאינו שלו וזה לפי׳ שאינו ברשותו. Eine geraubte Sache, die der Beraubte

---

[1]) Siehe Heinrich Dernburg, Pandekten (Berlin 1884, 2. Buch); Friedrich Carl v. Savigny, Das Recht des Besitzes 7. Auflage herausgegeben v. Dr. Adolf Friedrich Rudorf (Wien 1865); ferner Dr. Rudolf v. Jhering, Ueber den Grund des Besitzschutzes 2. Auflage (Jena 1869) und endlich A. Kindel, Die Grundlagen des röm. Besitzrechtes. (Berlin 1883).

nicht als verloren betrachtet, und bezüglich deren er die
Hoffnung, sie wieder zurück zu erhalten, noch nicht aufgegeben
hat, kann weder der beraubte Eigenthümer noch der
räuberische Besitzer dem Heiligthume weihen. Jener nicht,
weil er nicht im Besitze der Sache ist, und dieser nicht,
weil sie nicht ihm gehört, er also nicht ihr Eigenthümer ist[1]).
In diesem Falle ist das Eigenthumsrecht kein volles, es ist
ein beschränktes, das erst dann wieder in seiner Vollgewalt
erscheint, wenn er wieder in den Besitz der Sache gelangt
und die Beschränkungen aufgehoben werden.

§ 3.
Besitzschutz.

Nach dem mosaisch talmudischem Rechte liegt dem Kläger,
der an den Beklagten eine Forderung stellt, um diesem etwas zu
entziehen, die Beweisführung ob[2]). המוציא מחברו עליו הראייה.

Dieser Rechtssatz findet auch bezüglich des Besitzers
nicht nur gegen fremde Personen, sondern selbst gegenüber
dem klägerischen Eigenthümer, in vielen Fällen rechtliche
Anwendung.

A n m e r k u n g: Darüber, ob ein Besitz, zu welchem
der Possessor durch den Eigenthümer gelangt ist, (תפיסה ברשות)
als ein Recht (חזקה) anerkannt wird, und ob dem Besitzer
selbst, wenn er gegenüber der mit vollständiger Gewissheit
behaupteten Forderung des Klägers (תביעת ברי) nur eine
ihm selbst ungewisse Einwendung (טענת שמא) zu erheben
im Stande ist, gleichwohl der Rechtsschutz gewährt wird,
dass die Beweislast dem Kläger zufalle, oder ob in diesem
Falle ברי ושמא ברי עדיף der mit Bestimmtheit vorgebrachten
Klage mehr Wahrscheinlichkeit des Rechts beizumessen
sei, als der unbestimmten Einwendung des Beklagten und
somit dieser den Beweis zu erbringen hätte, und zwar aus
dem Grunde, weil der Besitz an sich kein Recht (חזקה), sondern
bloss ein Factum ist (מעלה בעלמא), wesshalb die ent-

---

[1]) Baba Mezia 6ᵃ 16ᵃ; Maimuni Mechira c. 22 § 5, Erachin c. 6
§ 22. Choschen Mischpat c. 209 § 5, c. 211 § 1.
[2]) Baba Kamma 46ᵇ u. a. m. O.

schiedene Behauptung des Klägers genügen würde, um den zweifelnden Besitzer zur Beweisführung zu verpflichten; darüber sind die Ansichten getheilt. (Siehe B. M. 100a; Tosefoth s. v. הא die Commentare R. S. Lurja (מהרש"ל), R. S. Edels (מהרש"א); ferner Kezoth Hachoschen im Konteres Hasfekoth c. 1 § 7 und Schaare Thora II. Theil, Hauptstück 22.)

II. Capitel.
Arten des Besitzes.
§ 4.
Allgemeine Eintheilung.

Der Besitz ist entweder ein rechtlicher (possessio justa) oder ein widerrechtlicher (possessio injusta). Es giebt ferner einen redlichen (bona fide possessio) und einen unredlichen Besitz (mala fide pessessio).

Anmerkung: Die römischen Juristen unterscheiden noch possessio civilis und possessio naturalis. Erstere ist nach Savigny derjenige Besitz, welcher zur Usucapion führt und letzterer, welchem diese Wirkung abgeht. Der Usucapion liegt die Regel zum Grunde, welche die zwölf Tafeln aufgenommen haben: Wer eine Sache ein oder zwei Jahre besitzt, wird Eigenthümer dieser Sache.

Die possessio naturalis zerfällt nach Savigny in Interdictenbesitz und in possessio naturalis im engen Sinne d. i. blosse Detention[1]).

§ 5.
Rechtlicher Besitz.

Der Besitz ist ein rechtlicher:

I. Wenn das Object des Besitzes zugleich Eigenthum des Besitzers ist, wenn die Sache nicht nur ברשותו, sondern auch שלו ist und somit Besitzer und Eigenthümer in einer und derselben Person vereint ist. Er wird erworben:

a) bei herrenlosen Sachen (הפקר) durch die Okkupation,

---

[1]) Dornburg, Pandekten § 175; Savigny, Das Recht des Besitzes § 2 ff.

d. i. die Besitznahme herrenloser Sachen mit dem Willen sich dieselben anzueignen[1]), (מתכון לקנות).
    b) durch Tradition, d. i. Uebertragung des Eigenthums von dem bisherigen eigenthümlichen Besitzer an einen anderen, durch Verkauf, Tausch, Schenkung unter Vollziehung der gesetzlichen Zueigungsakte und Formalitäten (קנינים) und endlich
    c) durch Erbschaft.

    II. Wenn die Besitzergreifung mit Wissen und Willen des Eigenthümers geschehen ist (תפיסה ברשות). A. verkauft z. B. an B. Getreide und sagt zu ihm: Ich verkaufe dir den Kur[2]) um 30 Selaim[3]), ein Saah um einen Sela und B. ist damit einverstanden.

    Nachdem der Verkäufer einen Theil des Kaufobjektes z. B. zehn Saah geliefert hat, sagt der Käufer, dieses Quantum genügt mir, ich benöthige nicht mehr, der Verkäufer aber sagt: so du nicht einen ganzen Kur übernimmst, ist der ganze Kauf rückgängig und fordert die bereits gelieferten zehn Saah zurück. Beide begründen ihr Recht mit den Worten des mündlichen Vertrages. A. stützt seine Behauptung auf die ersten Worte des Uebereinkommens, wo es heisst: ich verkaufe dir einen Kur = 30 Saah, welche Worte darauf hindeuten, dass der Vertrag auf 30 Saah abgeschlossen wurde; B. hingegen begründet sein Recht mit den Schlussworten des Vertrages, wo gesagt wurde, die Saah für einen Selah, woraus hervorgeht, dass der Kauf für einzelne Sain vollzogen wurde. Nun ist es bei einem Vertrage, wo ähnliche zwei sich widersprechende Ausdrücke vorkommen, gesetzlich unentschieden, ob תפוס לשון ראשון dem ersteren Rechtskraft zuzusprechen sei, oder ob diese dem letzteren zuerkannt werden soll תפוס לשון אחרון; es ist also ein ספק ממונא, wo der Rechtssatz המוציא מחברו עליו הראייה „Wer an einen Anderen eine Forderung stellt, der muss sein

---

[1]) Maimuni Sechia umatana c. 1. § 1. u. 12 Choschen Mischpat c. 273 § 1, c. 275 § 24.
[2]) Kur ist ein Maass, welches dreissig Saäh enthält.
[3]) Sela eine Münze im Werthe von vier Dinaren.

Recht beweisen" seine Anwendung findet und da B. als rechtlicher Besitzer der zehn Saah תופס ברשות erscheint, so ist A. der מוציא מחברו und mithin fällt ihm die Beweislast zu[1]).

1. Anmerkung. Dass in dem angeführten und in ähnlichen Fällen ein Unterschied obwaltet, ob das Besitzobjekt ein mobiles oder ein immobiles ist, hierüber siehe § 10.

2. Anmerkung. Hatte der Eigenthümer nicht, wie in dem angeführten Falle, die Absicht mit dem Besitze zugleich das Eigenthumsrecht zu tradiren, sondern bloss für eine bestimmte Zeit den Besitz und die Benützung einem Anderen zu überlassen, z. B. A. leiht dem B. eine bewegliche Sache zum unentgeltlichen Gebrauche mit der Verabredung, dass sie B. nach gemachtem Gebrauche wieder zurückzugeben habe, שאלה (commodatum), der שואל, Commodatar erhebt aber, während er im Besitze der Sache ist, Ansprüche auf dieselbe, ob nun auch dieser insofern als rechtlicher Besitzer תופס ברשות betrachtet werden kann, dass die Beweislast dem Commodant משאיל aufzuerlegen sei, darüber sind die späteren talmudischen Autoritäten getheilter Meinung. Thrumath Hadeschen Resp. 321 beurtheilt den Ausleiher שואל nicht als rechtmässigen Besitzer תופס ברשות und verurtheilt ihn zur Beweisführung. Dieser Meinung pflichtet auch Sifse Kohen in seinem Tokfe Kohen c. 57—60 bei. Hingegen erklären R. Josef ben Löw I. Th. S. 54 und Gidule Thruma c. 68 auch ihn als rechtmässigen Besitzer תופס ברשות und den משאיל als מוציא מחברו, der den Beweis zu erbringen hat. (Die Begründung beider Ansichten sind in den angeführten Stellen enthalten.)

In dem Falle, wenn das Streitobjekt in Geld besteht, A. hat z. B. dem B. irgend einen Geldbetrag geliehen und

---

[1]) Baba Bathra 86 b, 105a u. m. O.; Choschen Mischpat c. 200 § 7 Glosse. Siehe Maim. Mechira c. 4 § 7, welcher das Recht entschieden dem Käufer zuerkennt. Vergleiche Baba Mezia 103b; R. Ascher, Bechoroth Abschnitt 1 § 15; Nimuke Josef, Baba Mezia Abschn. 1 und Ausführliches Tokfe Kohen § 67 ff. und Kezoth Hachoschen, Kuntres Hasfekoth.

der Schuldner (לוה) erhebt eine Forderung an A. den Gläubiger (מלוה) und verweigert ihm deswegen die Zahlung der Schuld, entscheidet Sifse Kohen (a. a. O.) zu Gunsten des Schuldners, weil das Geld, welches man ausleiht, gewöhnlich zum Ausgeben bestimmt ist, der Gläubiger dem Schuldner daher auch das Eigenthum des Geldes überträgt, מלוה להוצאה נתנה, somit jener der מוציא מחברו ist, daher liegt ihm die Beweisführung ob, da der Schuldner תופס ברשות ist[1]).

§ 6.
Fortsetzung.

III. Wenn die Besitzergreifung zu einer Zeit stattgefunden hat, in welcher über deren Recht noch kein Zweifel obgewaltet hatte (תפיסה קודם שנולד הספק). A. klagt B. auf Zahlung eines Darlehens und begründet seine Forderung mit einem Schuldscheine, der von zwei Zeugen unterfertigt ist, deren Unterschrift durch zwei andere Zeugen legalisirt wurde; nun erscheinen aber zwei andere Zeugen und behaupten die Zeugen des Schuldscheins seien zur Fertigung durch äussere Gewalt gezwungen worden (אנוסים היו), oder sie seien zu jener Zeit gesetzlich unfähig gewesen Zeugenschaft abzulegen (קטנים או פסולי עדות היו). Nach talm. Recht gilt die Praesumption, dass der Gläubiger nur gesetzlich unbescholtene, grossjährige Personen als Zeugen auf dem Schuldscheine unterfertigen lässt, und dass ferner die Zeugen ohne allen Zwang den Akt unterfertigt haben.[2] (עדים החתומים על השטר כמי שנחקרה עדותן בב״ד דמי חזקה על השטר שנעשה בגדול מלוה גופא מידק דייק מעיקרא).

Hier stehen aber zwei Zeugen den zwei Zeugen des Schuldscheins gegenüber und sagen gegen die Praesumption zum Nachtheile des Gläubigers aus (תרי ותרי), die Schuld ist daher zweifelhaft (ספק ממון), das Gericht kann

---

[1]) Siehe Kunteres Hasfekoth des Kezoth Hachoschen c. 7 § 2; nach seiner Ansicht wäre selbst bei einem Anlehen von Geld der Schuldner nicht als rechtmässiger Besitzer תופס ברשות zu beurtheilen.

[2]) Kethuboth 17b, 18a.

also den Beklagten nicht verurtheilen, denn המוציא מחברו עליו הראייה, das Gesetz lautet daher: לא קרעינן ליה לשטרא ולא מגבי׳ ביה der Schuldschein darf nicht vernichtet, aber auch der Schuldner kann zur Zahlung nicht verpflichtet werden, bis die Sache nicht völlig aufgeklärt wird.

Hat jedoch der Gläubiger, bevor die zu seinen Ungunsten erschienenen Zeugen ihre Aussage beim Gerichte gemacht haben, durch das Gericht oder eigenmächtig sich in den Besitz des Geldbetrages gesetzt, so wird er als rechtlicher Besitzer (מוחזק) betrachtet und die Beweispflicht fällt dem Schuldner zu. אי תפס לא מפקי׳ מיניה [1]).

Anmerkung. Auch bei dieser Besitzergreifung giebt es einen Unterschied zwischen beweglichen und unbeweglichen Gütern.

§ 7.
Redlicher Besitz.

Redlicher Besitz ist derjenige, der von einer Person im guten Glauben, dass das Objekt ihr Eigenthum sei, ergriffen wird.

I. Ein Widerspruch oder eine Zweideutigkeit in einer Schuldurkunde wird nach dem Rechtssatze: יד בעל השטר על התחתונה[2]) zu Ungunsten des Gläubigers beurtheilt oder interpretirt. Behauptet aber derselbe mit entschiedener Gewissheit בטענת ברי, dass das Recht auf seiner Seite sei und ergreift er, gestützt auf diese Behauptung, Besitz vom mobilen Vermögen des Gegners und zwar entsprechend dem strittigen Betrage, so wird er als Besitzer bona fide betrachtet und erfreut sich des Besitzschutzes. אי תפס לא מפקי׳ מיניה.[3])

---

[1]) Kethuboth 19b, 20a; Tosefoth s. v. ואוקי Baba Mezia 6b; Tosefoth s. v. פוטר Baba Bathra 105b; Tosefoth s. v. אבל; R. Ascher Kethuboth Absch. II § 10; Choschen Mischpat c. 46. § 37; Tokfe Kohen § 66—71; siehe Konteres Hasfekoth Abschn. 2.

[2]) Baba Bathra 167a; Maim. Milweh Welowe c. 27 § 16; Choschen Mischpat c. 42 § 5.

[3]) Maim. a. a. O. siehe Maggid Mischna das. Choschen Mischpat c. 42 § 8; siehe Sifse Kohen zur Stelle und Tokfe Kohen; vergleiche Tosefoth Baba Bathra 105a §. v. אבל; Kethuboth 20a s. v. דאוקי und R. Ascher Kethuboth Abschn. II.

II. In Fällen, wo in der Erklärung eines talmudischen Rechtssatzes oder in der Anwendung eines Gesetzes per analogiam die massgebenden Rechtslehrer getheilter Meinung sind, (ספיקא דפלוגתא דרבוותא) kann der Beklagte nicht verurtheilt werden, da er מוחזק ist und es findet der Rechtssatz המוציא מחברו עליו הראי" seine Anwendung. Ergreift aber der Kläger Besitz von dem strittigen Gegenstande, so kann er behaupten קים לי כהנך רבוותא : Ich halte die Ansicht, die zu meinen Gunsten spricht, für die allein richtige und diese Behauptung wird als (טענת ברי) eine Forderung mit entschiedener Gewissheit betrachtet und als ein Besitz bona fide beurtheilt und das Gericht kann ihm denselben nicht entziehen. דאי' תפס לא מפקי" מיניה[1]).

Selbst in dem Falle, wo die Tannaiten oder Amoräer in einer Rechtssache getheilter Meinung sind und die Halacha nicht festgestellt wurde, ist der Besitzergreifer berechtigt קים לי zu behaupten und wird der Besitz als bona fide betrachtet, der ihm nicht entzogen werden darf ולא מפקי" מיניה[2]).

1. Anmerkung. Rechtsfragen, die im Talmud keine Lösung gefunden und unentschieden sind, איכעי" דלא אפשיטא oder תיקו, werden nach dem Rechtssatze המוציא מחברו עליו הראי" zu Gunsten des Beklagten beurtheilt und es findet in diesem Falle die Behauptung קים לי keine Anwendung. Ob der Besitz auch dann, wenn der Kläger sein Recht behauptet und sich in den Besitz des betreffenden Objektes gesetzt hat, als bona fide zu beurtheilen sei, darüber sind die Ansichten getheilt. (Siehe R. Ascher Baba Kamma Abschn. II § 2; Maim. Niske Mamon c. 1 § 11 u. Maggid Mischna z. St.; Maim. Das. c. 2 § 5, c. 3 § 4, c. 12 § 11; Geneba c. 2 § 12. (Vergl. R. Abraham b. David ראב"ד u. Maggid Mischna das.) c. 4 § 7, 8; ferner Chobel Umasik c. 4 § 11, c. 8 § 7; Mechira c. 8 § 5; Schaalah Upikadon c. 8 § 5; ferner Choschen Mischpat c. 202 § 3, c. 388 § 1 u. 7, c. 390 § 2 u. 6. c. 391 § 12, c. 410 § 12, c. 414 § 1, und endlich Tokfe Kohen c. 3 und c. 74 ff.

---

[1] Eben Haeser c. 52 § 4 Glosse. Siehe Beth Samuel das. § 14 und weitläufige Ausführung und Begründung in Tokfe Kohen c. 79—106.

[2] Choschen Mischpat c. 198 § 11; Eben Haeser c. 96 § 1; Tokfe Kohen c. 88—92.

2. **Anmerkung.** Wenn Jemand eine Handlung ohne Absicht, einem Anderen Schaden zuzufügen, begeht, und es sich dann zeigt, dass er die mittelbare Ursache davon war, dass der Andere in seinem Eigenthum geschädigt wurde, גרמא בנזקין dann ist der Thäter wohl vom Schadenersatz freizusprechen, doch mit dem Bedeuten, dass nur der weltliche Richter ihn nicht verurtheilen kann פטור מדיני אדם, es jedoch eine Gewissenspflicht ist, dem Beschädigten Ersatz zu leisten. וחייב בדיני שמים (Baba Kamma 55ᵇ; Maim. Niske Mamon c. 4 § 2; Choschen Mischpat 395 § 1 u. 4).

Ob auch dies, wenn der Beschädigte vom Mobiliar-Vermögen des unabsichtlichen Beschädigers entsprechend dem Schaden Besitz ergreift, als bona fide zu beurtheilen sei, darüber siehe Commentar R. Salomon Jizchaki, רש"י zu Baba Mezia 91ᵃ und Sifse Kohen Choschen Mischpat c. 28 § 2.

§ 8.
Besitz mala fide.

Unredlicher Besitzer ist derjenige, der Besitz ergreift, obgleich er weiss oder doch wissen muss, dass diese Handlung mit dem Rechte nicht übereinstimmt. (תוקף מחברו). Dahin gehört Diebstahl, Raub, Betrug und Täuschung. Dem unredlichen Besitzer wird nicht bloss gerichtlich das fragliche Objekt entzogen und in Besitz des Eigenthümers gegeben, sondern dieser selbst ist berechtigt, so er Macht und Gelegenheit dazu hat, den Gegenstand dem Besitzer zu entziehen und sein Eigenthumsrecht zur Geltung zu bringen. עביד איניש דינא לנפשיה אפילו במקום דליכא פסידא כיון דבדין עבד לא טרח „Da, wo das Recht klar und unzweifelhaft ist, ist es gestattet, sich selbst Recht zu verschaffen und zwar selbst dann, wenn keine Gefahr im Verzuge ist."[1]).

1. **Anmerkung.** Das röm. Recht theilt die Selbsthilfe in Selbstvertheidigung und in Selbstbefriedigung ein. Selbstvertheidigung ist die eigenmächtige Aufrechterhaltung bestehender Zustände gegenüber Versuchen Anderer sie zu

---

¹) Baba Kamma 27ᵇ; Maim. Synhedrin c. 2 § 12; Ch. M. c. 4; Tokfe Kohen c. 115, 116.

ändern; die Erhaltung unseres Besitzes durch eigene Kraftentwickelung. Sie ist in der Regel berechtigt.

Selbstbefriedigung ist hingegen die eigenmächtige Herstellung eines unserem Rechte entsprechenden Zustandes und diese ist in der Regel nicht berechtigt. Doch ist sie es in Nothfällen und zwar dann, wenn die Hilfe des Gerichtes zu spät käme, um unwiedereinbringlichen Schaden von uns abzuwenden[1]). (Dernburg, Pandekten S. 283, 284 § 125).

2. Anmerkung. Nach dem römischen Rechte werden dem Diebe, Räuber, überhaupt dem mala fide possessor wohl die persönlichen Klagen wegen heimlicher oder gewaltsamer Entziehung und wegen Beschädigung der von ihm besessenen fremden Sachen abgesprochen, aber dennoch gewährt ihnen das Recht den Anspruch auf Rechtsschutz. Jhering (a. a. O. S. 60 ff.) bemerkt diesbezüglich mit Recht: „Wie reimt sich das zusammen, dass dieselbe Person hier des Schutzes für würdig, dort für unwürdig erklärt wird? Ist das Mysterium von dem rein auf sich selbst gestellten, im Besitz sich realisirenden und sein Unrecht documentirenden Willen im Stande, den Besitz des Diebes zu einem an sich zu schützenden Verhältniss zu erheben, warum wird dieses Verhältniss nicht ebenso gut durch Delictsklagen als durch Besitzesklagen geschützt? Sagt der Dieb: Der Gegner hat mir den Besitz entzogen, so wird er geschützt; sagt er, er hat mir die Sache gestohlen, so wird er abgewiesen." Den Grund davon gibt Jhering (S. 61) wie folgt an: „Der Besitzschutz ist der ehrlichen Leute wegen eingeführt, aber nothwendiger Weise participiren auch die Unredlichen daran." „Denn um sie abzuweisen, müsste man gerade diejenige Untersuchung vornehmen, die man im Interesse der Abkürzung der Sache abschneiden will, nämlich ob der Besitzer ein Recht hat oder nicht. Durch die Hineinziehung der Rechtsfrage würde man die Erleichterung der Legitimation, die der Besitzschutz dem Eigenthümer gewähren soll, wiederum völlig zurück-

---

[1]) Dieses ist auch die Ansicht des Rabbi Jehuda Baba Kamma a. a. O. dass nur במקום פסידא, wo Gefahr im Verzuge ist, Selbstbefriedigung gestattet ist.

nehmen, das possessorium würde für ihn zum petitorium werden. Besser aber, dass ausnahmsweise der Unwürdige an einer Wohlthat des Gesetzes participirt, als das letztere, um ihn auszuschliessen, auch dem Würdigem versagt wird."
Diese Begründung beruht auf der Behauptung Jherings (S. 45): „Der Schutz des Besitzes als der Thatsächlichkeit des Eigenthums ist eine nothwendige Vervollständigung und Ergänzung des Eigenthumsschutzes, eine dem Eigenthümer zugedachte Beweiserleichterung, die aber nothwendigerweise auch dem Nichteigenthümer zu Gute kommt."

Zweiter Abschnitt.

I: Capitel.
Objecte des Besitzes.

§ 9.
Allgemeine Eintheilung.

Gegenstände des Besitzes sind:

A) unbewegliche Güter קרקעות, אחריות נכסים שיש להם (Immobilien);

B) bewegliche, leblose Güter מטלטלי" נכסי" שאין להם) אחריות Mobilien) und

C) Thiere בהמות (animalia) und Sklaven עבדים (manicipia).

§ 10.
Besitz unbeweglicher Güter.

Bezüglich unbeweglicher Güter lautet der talmudische Rechtssatz: קרקע בחזקת בעלי" קיימת Grundstücke werden insolange als im Besitze des Eigenthümers betrachtet, als durch Tradition mit dem Besitze nicht zugleich das Eigenthumsrecht an einen Anderen übertragen wird. קרקע אינה נגזלת ולעולם ברשות) בעלי" עומדת „Grundstücke können durch Raub dem Eigenthümer nicht entrissen werden, er bleibt immer im Besitze derselben[1]). In Folge dieses Rechtssatzes fällt bei einem Zweifel die Beweislast dem Besitzer selbst dann zu, wenn er zum gegenwärtigen Besitze mit Wissen und Willen des Eigenthümers gelangt ist (תפיסה ברשות.)[2])

---

[1]) Baba Kamma 95ᵃ u. a. a. O. Maim. Gesela c. 9; Ch. M. c. 371.
[2]) Vergleiche oben § 5 II.

A. vermiethet sein Haus an B. und bedingt als Wohnzins zwölf Dinare für ein Jahr, einen Dinar für einen Monat. Nun traf es sich, dass das Miethjahr ein Schaltjahr war und somit aus dreizehn Monaten bestand. Nach Verlauf des 13. Monates fordert der Vermiether einen Dinar für den Schaltmonat, indem er behauptet תפוס לשון אחרון die letzten Worte des Miethsvertrages seien die massgebenden; der Miether hingegen verweigert die Zahlung für den Schaltmonat mit der Einwendung, die ersten Worte des Vertrages seien die wesentlichen תפוס לשון ראשון. Obgleich der Miether mit Wissen und Willen des Eigenthümers im 13. Monate das Haus bewohnt und im Besitze hatte, somit תופס ברשות war, wird dennoch das Recht dem Vermiether zuerkannt, weil Immobilien immer als im Besitze des Eigenthümers zu beurtheilen sind (קרקע בחזקת בעלי' קיימת¹) daher המוציא מחברו עליו הראי". Ebenso verhält es sich, wenn zwei Zeugen für die Gültigkeit eines über Immobilien ausgestellten Kaufvertrages, und zwei andere gegen denselben aussagen (תרי ותרי) und der Käufer, noch bevor die zweiten Zeugen gegen den Vertrag ausgesagt haben, des Grundstückes sich bemächtigt und es in Besitz genommen hat, תפיסה קודם שנולד הספק in diesem Falle wird das Objekt dem Verkäufer als dem rechtlichen, bisherigen Eigenthümer מרא קמא zuerkannt und der Käufer vom Grundstücke entfernt²). Dies ist auch der Fall bei allen im § 6 angeführten possessiones bona fide, insofern das Objekt ein immobiles ist.

§ 11.
Fortsetzung.

Der Besitz von Immobilien an sich vindicirt kein Recht, und so der Besitzer dem bisherigen rechtlichen Eigenthümer gegenüber behauptet, er habe das Objekt durch Kauf oder Schenkung von ihm eigenthümlich erworben, liegt es ihm ob, diese seine Behauptung durch Zeugen oder durch eine glaubenswürdige Urkunde zu beweisen, widri-

---

¹) Baba Mezia 102ᵇ; Maim. Sechiroth c. 7 § 2; Choschen Mischpat c. 312 § 15; siehe Sifse Kohen gl. 14.

²) Kethuboth 20ᵃ; siehe Tosefoth s. v. ואוקי und R. Ascher das, Choschen Mischpat c. 235 § 37 Glosse.

genfalls wird er vom Besitze des Objektes entfernt und der Eigenthümer in denselben eingesetzt. Selbst wenn der Besitzer dem klägerischen Eigenthümer das Eigenthumsrecht überhaupt in Abrede stellt, besitzt diese Einrede keinen rechtlichen Werth, so der Eigenthümer nur nachzuweisen vermag, dass das Objekt als sein Eigenthum allgemein gegolten hat. Doch gibt es Fälle, wo dem Besitzer von Immobilien das Recht zugesprochen wird und die Beweislast dem Kläger zufällt und zwar bei dreijährigem, unangefochtenem Besitze und Genusse des Objektes. (שני חזקה)[1].

II. Capitel.
Ersitzung oder dreijähriger Besitz.
§ 12.
Begriff und Grund der Ersitzung.

Ersitzung ist Eigenthumserwerb durch die gesetzlich festgesetzte Zeit hindurch fortdauernden, unangefochtenen Besitz unter den bestimmten Modalitäten. Nach talm. Recht ist bei Immobilien zur Erlangung der Ersitzung der Besitz von drei Jahren festgesetzt. (חזקת שלש שנים)[2].

Als Grund wird angegeben, weil man gewöhnlich bloss in den ersten drei Jahren nach der Erwerbung eines Eigenthums die nöthigen Documente zur Legitimation sorgfältig aufzubewahren pflegt, nach drei Jahren aber, so inzwischen kein Anstand erhoben wurde, die betreffenden Beweismittel nicht mehr beachtet und bewahrt.[3]

Anmerkung. Nach dem römischen Rechte ist der Grundgedanke der Ersitzung die Verjährung; die Zeit des Besitzes erhebt ihn zum Rechte. Schon die heidnische Kaiserzeit kannte zwei Ersitzungsinstitute, die usucapio und die longi temporis praescriptio. Die zwölf Tafeln regelten die usu-

---

[1] Baba Bathra 28a. Maim. Toen Wenitan. 11. § 1. 2; Choschen Mischpat c. 140 § 7 ff.

[2] Baba Bathra 28ᵃ ff. Maim. Toen Wenitan c. 11. § 1. 2; Choschen Mischpat c. 140. §. 7 ff.

[3] Baba Bathra 29a עד תלת שנין מזדהר איניש בשטרא טפי לא מזדהר Maim. a. a. O. §. 4; Ch. M. c. 140 § 7.

nehmen, das possessorium würde für ihn zum petitorium werden. Besser aber, dass ausnahmsweise der Unwürdige an einer Wohlthat des Gesetzes participirt, als das letztere, um ihn auszuschliessen, auch dem Würdigem versagt wird."
Diese Begründung beruht auf der Behauptung Jherings (S. 45): „Der Schutz des Besitzes als der Thatsächlichkeit des Eigenthums ist eine nothwendige Vervollständigung und Ergänzung des Eigenthumsschutzes, eine dem Eigenthümer zugedachte Beweiserleichterung, die aber nothwendigerweise auch dem Nichteigenthümer zu Gute kommt."

Zweiter Abschnitt.

I: Capitel.
Objecte des Besitzes.

§ 9.
Allgemeine Eintheilung.

Gegenstände des Besitzes sind:
A) unbewegliche Güter קרקעות, נכסים שיש להם אחריות Immobilien);
B) bewegliche, leblose Güter מטלטלי" נכסי" שאין להם) Mobilien) אחריות und
C) Thiere בהמות (animalia) und Sklaven עבדים (manicipia).

§ 10.
Besitz unbeweglicher Güter.

Bezüglich unbeweglicher Güter lautet der talmudische Rechtssatz: קרקע בחזקת בעלי" קיימת Grundstücke werden insolange als im Besitze des Eigenthümers betrachtet, als durch Tradition mit dem Besitze nicht zugleich das Eigenthumsrecht an einen Anderen übertragen wird. קרקע אינה נגזלת ולעולם ברשות) בעלי" עומדת. „Grundstücke können durch Raub dem Eigenthümer nicht entrissen werden, er bleibt immer im Besitze derselben[1]). In Folge dieses Rechtssatzes fällt bei einem Zweifel die Beweislast dem Besitzer selbst dann zu, wenn er zum gegenwärtigen Besitze mit Wissen und Willen des Eigenthümers gelangt ist תפיסה ברשות).[2])

---

[1]) Baba Kamma 95ᵃ u. a. a. O. Maim. Gesela c. 9; Ch. M. c. 371.
[2]) Vergleiche oben § 5 II.

A. vermiethet sein Haus an B. und bedingt als Wohnzins zwölf Dinare für ein Jahr, einen Dinar für einen Monat. Nun traf es sich, dass das Miethjahr ein Schaltjahr war und somit aus dreizehn Monaten bestand. Nach Verlauf des 13. Monates fordert der Vermiether einen Dinar für den Schaltmonat, indem er behauptet תפוס לשון אחרון die letzten Worte des Miethsvertrages seien die massgebenden; der Miether hingegen verweigert die Zahlung für den Schaltmonat mit der Einwendung, die ersten Worte des Vertrages seien die wesentlichen תפוס לשון ראשון. Obgleich der Miether mit Wissen und Willen des Eigenthümers im 13. Monate das Haus bewohnt und im Besitze hatte, somit תופס ברשות war, wird dennoch das Recht dem Vermiether zuerkannt, weil Immobilien immer als im Besitze des Eigenthümers zu beurtheilen sind (קרקע בחזקת בעליו קיימת) daher המוציא מחברו עליו הראי׳. Ebenso verhält es sich, wenn zwei Zeugen für die Gültigkeit eines über Immobilien ausgestellten Kaufvertrages, und zwei andere gegen denselben aussagen (תרי ותרי) und der Käufer, noch bevor die zweiten Zeugen gegen den Vertrag ausgesagt haben, des Grundstückes sich bemächtigt und es in Besitz genommen hat, תפיסה קודם שנולד הספק in diesem Falle wird das Objekt dem Verkäufer als dem rechtlichen, bisherigen Eigenthümer מרא קמא zuerkannt und der Käufer vom Grundstücke entfernt[2]). Dies ist auch der Fall bei allen im § 6 angeführten possessiones bona fide, insofern das Objekt ein immobiles ist.

§ 11.
Fortsetzung.

Der Besitz von Immobilien an sich vindicirt kein Recht, und so der Besitzer dem bisherigen rechtlichen Eigenthümer gegenüber behauptet, er habe das Objekt durch Kauf oder Schenkung von ihm eigenthümlich erworben, liegt es ihm ob, diese seine Behauptung durch Zeugen oder durch eine glaubenswürdige Urkunde zu beweisen, widri-

---

[1]) Baba Mezia 102b; Maim. Sechiroth c. 7 § 2; Choschen Mischpat c. 312 § 15; siehe Sifse Kohen gl. 14.

[2]) Kethuboth 20a; siehe Tosefoth s. v. ואוקי und R. Ascher das, Choschen Mischpat c. 235 § 37 Glosse.

genfalls wird er vom Besitze des Objektes entfernt und der Eigenthümer in denselben eingesetzt. Selbst wenn der Besitzer dem klägerischen Eigenthümer das Eigenthumsrecht überhaupt in Abrede stellt, besitzt diese Einrede keinen rechtlichen Werth, so der Eigenthümer nur nachzuweisen vermag, dass das Objekt als sein Eigenthum allgemein gegolten hat. Doch gibt es Fälle, wo dem Besitzer von Immobilien das Recht zugesprochen wird und die Beweislast dem Kläger zufällt und zwar bei dreijährigem, unangefochtenem Besitze und Genusse des Objektes. (שני חזקה)[1].

II. Capitel.
Ersitzung oder dreijähriger Besitz.
§ 12.
Begriff und Grund der Ersitzung.

Ersitzung ist Eigenthumserwerb durch die gesetzlich festgesetzte Zeit hindurch fortdauernden, unangefochtenen Besitz unter den bestimmten Modalitäten. Nach talm. Recht ist bei Immobilien zur Erlangung der Ersitzung der Besitz von drei Jahren festgesetzt. (חזקת שלש שנים)[2].

Als Grund wird angegeben, weil man gewöhnlich bloss in den ersten drei Jahren nach der Erwerbung eines Eigenthums die nöthigen Documente zur Legitimation sorgfältig aufzubewahren pflegt, nach drei Jahren aber, so inzwischen kein Anstand erhoben wurde, die betreffenden Beweismittel nicht mehr beachtet und bewahrt.[3]

Anmerkung. Nach dem römischen Rechte ist der Grundgedanke der Ersitzung die Verjährung; die Zeit des Besitzes erhebt ihn zum Rechte. Schon die heidnische Kaiserzeit kannte zwei Ersitzungsinstitute, die usucapio und die longi temporis praescriptio. Die zwölf Tafeln regelten die usu-

---
[1] Baba Bathra 28a. Maim. Toen Wenitan. 11. § 1. 2 ; Choschen Mischpat c. 140 § 7 ff.
[2] Baba Bathra 28a ff. Maim. Toen Wenitan c. 11. § 1. 2; Choschen Mischpat c. 140. §. 7 ff.
[3] Baba Bathra 29a עד תלת שנין מזדהר איניש בשטרא טפי לא מזדהר Maim. a. a. O. §. 4 ; Ch. M. c. 140 § 7.

capio. Sie bestimmten in allgemeiner Weise, dass Grundstücke binnen zwei Jahren ersessen werden. Mit der Ausdehnung des Staates und dem Wachsen des Volkes konnte eine so rasche Ersitzung ohne Nachtheil nicht bestehen, es trat die Nothwendigkeit ein, derselben Schranken zu setzen. Unter anderen Beschränkungen forderte man zur Ersitzung einen Titel des Ersitzenden, d. h. Thatsachen, welche seinen Besitzerwerb äusserlich rechtfertigen und ferner die bona fides des Ersitzenden. Die Usucapio stand aber als civiles Institut nur den Römern offen und es unterlag ihr nur, was des quiritarischen Eigenthums fähig war. Als Surrogat führte man bezüglich der Provinzialgrundstücke die longi temporis praescriptio ein. Sie verlangte ruhigen Besitz zehn Jahre hindurch inter praesentes, d. h. wenn die Betheiligten in derselben Provinz wohnten, und 20 Jahre hindurch inter absentes d. i. wenn sie in verschiedenen Provinzen wohnten. Durch eine Verordnung vom Jahre 531 bildete Justinian usucapio und longi temporis praescriptio zu einem einheitlichen Institute, indem er jeden Unterschied zwischen ihnen verwarf. Die Ersitzung Justinianischen Rechtes fordert den Besitz von zehn Jahren inter praesentes, und zwanzig Jahre inter absentes. Es kommt darauf nicht an, ob das Objekt in derselben Provinz liegt, in welcher der Eigenthümer wohnt, nur das Domizil ist zu beachten, nicht blosser, wenn auch andauernder Aufenthalt auswärts. Ferner fordert die Ersitzung einen Titel, d. h. Vorgänge, welche den Erwerb des Eigenthumsbesitzes als rechtmässig erscheinen lassen, wie Kauf, Schenkung u. dgl. (Dernburg, Pandekten S. 496, § 219 u. 221).

Nach persischem Gesetze erfolgte die Ersitzung erst nach vierzigjährigem Besitze. (Siehe Baba Bathra 55a und Aruch s. v. אראי.)

§ 13.
Eintheilung der Immobilien bezüglich der Ersitzung.

Bezüglich des dreijährigen Besitzes werden die Immobilien eingetheilt:

I. in Häuser, oder sonstige Gebäude und Anlagen, welche das ganze Jahr hindurch benützt werden und

II. in Felder und Baumgärten, die nur einmal des Jahres Früchte bringen.

§ 14.
Besitz von Häusern und sonstigen Gebäuden.

Bei dem Besitze von Wohn- und Wirthschaftsgebäuden muss der Besitz:
1. drei volle Jahre dauern. שלש¹) שנים מיום אל יום. Ein Tag weniger berechtigt nicht zur Ersitzung.
2. Müssen die drei Jahre ununterbrochen auf einander folgen²). (שלש שנים רצופות)
3. Muss der Besitzer durch Zeugen beweisen, dass er volle drei aufeinander folgende Jahre das Haus bewohnt, resp. die Gebäude selbst benützt oder vermiethet hat³).

Bei Wohnhäusern muss der Besitzer oder dessen Miether innerhalb dreier Jahre das Haus sowohl bei Tag als des Nachts bewohnt und benützt haben. Die blosse Tagesbenützung genügt darum nicht, weil die Nächte als eine Unterbrechung im Besitze angesehen werden⁴). Doch genügt schon die einfache Aussage der Zeugen, dass er drei Jahre im Hause gewohnt hat, ohne dass sie ausdrücklich erklären müssen, dass er auch des Nachts in demselben gewohnt habe⁵).

Erhebt der Kläger aber die Einwendung, dass er die Ueberzeugung habe, der Beklagte habe des Nachts die Wohnung nicht benützt⁶), oder wenn der Kläger ein Hausirer (רוכל) war, der einen grossen Theil des Jahres von seinem Wohnorte abwesend ist und daher nicht mit Bestimmtheit behaupten kann, dass der Besitzer des Nachts die

---

¹) Baba Bathra 28a, Maim. Toen Wenitan c. 12 § 1; Choschen Mischpat c. 140 § 7 u. 141 § 1.
²) Baba Bathra a. a. o. Maim. c. 12 § 4; Choschen Mischpat c. 140 § 8, 141 § 2.
³) Baba Bathra 29a; Maim. c. 12 § 2; Ch. M. c. 140 § 8.
⁴) Baba Bathra 29a; Maim. c. 12 § 2; Ch. M. c. 140 § 8.
⁵) R. Samuel b. Meir Baba Bathra 29a; siehe Tosefoth s. v. אמר: Ch. M. c. 140 § 8.
⁶) Baba Bathra 29a; Choschen Mischpat 140 § 8.

Wohnung nicht benützt habe[1]), dann muss der Besitzer in beiden Fällen beweisen, dass er auch des Nachts das Haus bewohnt habe; doch genügt auch der Beweis durch die Nachbarn; wenn diese aussagen, dass sie den Besitzer des Abends hineingehen und des Morgens hinausgehen gesehen und nicht wahrgenommen haben, dass er des Nachts Hausgeräthe weggeführt habe, sondern wenn er weggegangen, sei es geschehen, wie es gewöhnlich zu geschehen pflegt, wenn man einige Stunden vom Hause sich entfernt[2]), so ist dies hinreichend zur Erlangung der Ersitzung. War endlich der Lebensberuf des Besitzers ein solcher, der ihn auswärts beschäftigt, wie z. B. wenn er ein (רוכל) Hausirer ist, dann muss er durch ausdrückliche Zeugenaussage beweisen, dass auch in der Nacht die Benützung nicht unterbrochen wurde, wenn auch der Kläger nicht das Gegentheil behauptet[3]).

1. **Anmerkung.** Nach der Ansicht Maimûnis (Toen Wenitan c. 12 § 2) ist selbst in dem Falle, wo der Kläger nicht mit Gewissheit behauptet (בטענת ברי), sondern bloss bezweifelt, ob der Beklagte auch des Nachts die Wohnung benützt habe (בטענת שמא), der letztere gehalten mit Zeugen, die ausdrücklich aussagen, dass er auch des Nachts das Haus benützt hat, den ununterbrochenen dreijährigen Besitz zu beweisen. Doch erklärt Sifse Kohen (Ch. M. c. 140 Glosse 7) die Worte Maimûnis dahin, dass keineswegs ein grundloser Zweifel, eine einfache טענת שמא des Klägers schon genüge, um den Gegner zum vollständigen Zeugenbeweis zu verhalten, sondern nur dann, wenn der Kläger behauptet, dass er einigemal zur Nachtzeit in das betreffende Haus gegangen sei und niemals den Besitzer dort getroffen habe, weshalb er vermuthe, dass derselbe die Wohnung des Nachts überhaupt nicht benützt habe, nur in diesem Falle muss der

---

[1]) Baba Bathra 29ᵇ nach der Erklärung der R. Samuel Ben Meir zur Stelle ומודה מר זוטרא ברוכלין, Ch. M. 140 § 8.
[2]) Baba Bathra 29ᵃ siehe R. Ascher zur Stelle, Ch. M. a. a. o.
[3]) Maim. a. a. o. nach seiner Erklärung der Stelle in Baba Bathra 29ᵇ. ומודה מר זוטרא ברוכלי"; siehe Choschen Mischpat a. a. o. u. Sifse Kohen gl. 9.

Besitzer selbst gegen diese שבא מענת den Zeugenbeweis erbringen, dass er auch des Nachts das Haus bewohnt habe. Dieser Ansicht pflichtet auch Sifse Kohen bei.

2. **Anmerkung**: Nach der Ansicht des R. Chananel in der Erklärung der Stelle Baba Bathra 29b זוטרא מר יהודה ברוכלי׳ wird der dreijährige Besitz, so der Besitzer oder dessen Miether ihren Lebensunterhalt ausserhalb ihres Domicils suchen müssen רוכלי׳, wenn sie auch längere Zeit von ihrem Wohnorte entfernt waren, insofern sie, sobald sie heimkehrten, wieder dieses Haus bewohnten, als ununterbrochen betrachtet, um die Ersitzung zu erlangen. Tosefoth Baba Bathra 29b s. v. אמר R. Ascher das. und Choschen Mischpat c. 140 Glosse zu § 8.)

§ 15.
Zeugniss der Miether.

Hat der Besitzer das Haus vermiethet und bezeugen die Miether, dass sie das Haus drei Jahre Tag und Nacht ununterbrochen bewohnt haben, so genügt ihre zu Gunsten des Besitzers gemachte Aussage nur dann, wenn sie den Miethzins dem Vermiether noch nicht bezahlt haben, weil in diesem Falle ihr Zeugniss ein unbedenkliches ist, da es ihnen völlig gleichgiltig sein kann, wem von den streitenden Parteien das Recht zuerkannt werde und es ihnen einerlei ist, ob sie eventuell diesem oder jenem den Zins nachträglich zu zahlen haben. Haben sie aber dem Besitzer den Zins bereits gezahlt, dann wird ihre Aussage als eine sehr bedenkliche betrachtet, da sie נוגעין בעדותן sind, indem es in ihrem Interesse liegt, dass dem Besitzer und nicht dem klägerischen Eigenthümer das Recht zugesprochen werde, weil sie im entgegengesetzten Falle dem Letzteren den Zins nochmals zahlen müssten und Gefahr laufen können, den bereits dem Ersteren bezahlten Zins nicht zurück zu erhalten, allenfalls zur Klageführung genöthigt werden könnten[1]).

---

[1]) Baba Bathra 29a; Choschen Mischpat c. 140 § 9; vergleiche daselbst § 10, 11, 12 Fälle, wo der Zins bereits gezahlt ist und dennoch

Anmerkung: Bei Kaufläden u. dgl., die bloss des Tags und nicht zur Nachtzeit zum Waarenverkaufe benützt werden, genügt nach Ansicht Maimûnis (c. 12 § 3.) der Besitz von drei Jahren. Hingegen sind die Tosafisten und R. Ascher u. m. A. der Meinung, dass ein sechsjähriger Besitz erforderlich sei. Manche Decisoren machen einen Unterschied, ob das Local bei der Besitznahme bereits ein Kaufladen war, oder ob der Besitzer ein Wohnzimmer in einen Kaufladen umgestaltet hat. Im ersteren Falle genügt ein dreijähriger und im letzteren wird ein sechsjähriger Besitz gefordert. Ausführliches hierüber Baba Bathra 29b; Tosefoth u. R. Ascher zur Stelle; Maimuni c. 12 § 3 und Maggid Mischna das.; Choschen Mischpat c. 140 § 14.

§ 16.
Fortsetzung der Ersitzbedingungen.

4. Der dreijährige Besitz berechtigt ferner nur dann zur Ersitzung, wenn der Besitz während dieser Zeit vom Eigenthümer nicht angefochten wurde, wenn dieser niemals vor Zeugen, weder in Gegenwart des Besitzers noch in dessen Abwesenheit eine Erklärung abgegeben hat, dass der Besitzer gewaltsamer, räuberischer Weise in sein Eigenthum gedrungen und sich des Besitzes desselben bemächtiget habe, worüber er ihn in geeigneter Zeit gerichtlich belangen und vom Besitze entfernen werde. (מחאה). Insolange der Eigenthümer durch Zeugen nicht beweisen kann, dass er die מחאה vor ihnen oder vor anderen Zeugen in den drei Besitzjahren gemacht habe, beweist diese Unterlassung für den Besitzer und ist ein stillschweigendes Geständniss, dass das Recht auf Seite des Besitzers ist, denn es ist ausgeschlossen, dass irgend Jemand einen Fremden eine so lange Zeit hindurch ungehindert im Besitze und Genusse seines Eigenthums lassen würde, wenn dieser nicht ein Recht dazu hätte. Die Einwendung des Eigenthümers, dass der

---

das Zeugniss der Miether als unbedenklich erklärt und als Beweiskraft enthaltend erachtet wird. Ueber die Ansicht Maimûnis siehe Maggid Mischna Toen-Wenitan c. 12 § 2 und Sifse Kohen Ch. M. c. 140 Gl. 7

Besitzer das Objekt während dieser Zeit von ihm in Miethe gehabt, oder dass er es ihm verpfändet habe, hat darum keine rechtliche Wirkung, weil der Vermiether oder Verpfänder in diesem Falle einen Vertrag hierüber besitzen würde oder innerhalb der drei Besitzjahre vor Zeugen hätte erklären sollen, dass das Objekt dem Besitzer bloss vermiethet oder verpfändet wurde, nicht aber durch Kauf oder Schenkung in dessen Eigenthum übergegangen sei[1]).

§ 17.
Nähere Bestimmungen der מחאה.

Bezüglich der von dem Eigenthümer abzugebenden Erklärung (מחאה) gelten folgende Rechtsnormen.

a.) Muss dieselbe, gleichviel ob in Gegenwart des Besitzers oder in dessen Abwesenheit, vor zwei Zeugen abgegeben werden. Diese Zeugen sind berechtigt über die vor ihnen gemachte Erklärung, ohne von den Betheiligten dazu beauftragt zu sein, eine schriftliche Urkunde auszustellen, die dann dem Eigenthümer als Beweis gegen den Besitzer dient[2]).

b). Besteht sowohl bezüglich des dreijährigen ungestörten Besitzes (חזקה של ג' שנים), als betreffs der innerhalb dieser Zeit abgegebenen Erklärung des Eigenthümers (מחאה) kein Unterschied inter praesentes, d. h. wenn die Betheiligten in einer und derselben Provinz wohnen und inter absentes d. i. wenn sie in verschiedenen Provinzen ihre Wohnsitze haben. Weder kann der Eigenthümer sein Stillschweigen damit entschuldigen, dass er durch die Entfernung von der Besitzergreifung nichts gewusst habe, noch kann der Besitzer sich rechtfertigen, er habe von der vom Eigenthümer gemachten Erklärung nichts erfahren, dass er die zu seinen Gunsten sprechenden Documente bewahrt hätte, denn es gilt, dass Einer es dem Anderen erzählt, dieser wieder einem Dritten, Reisende, die dahin und dorthin kom-

---
[1]) Baba Bathra 29ᵃ, 38ᵇ; Maimuni c. 11 § 2; Choschen Mischpat c. 146 § 1 und 4.
[2]) Baba Bathra 38ᵇ, 39ᵇ; Maimuni c. 11 § 7, 8; Choschen Mischpat 146 § 2, 5.

men erzählen es, bis es zu den Ohren der Betheiligten gelangt.[1]). הברך חברי אית ליה וחברא דחברך חברי אית ליה Selbst wenn der Eigenthümer zu den Zeugen gesagt hatte, sie sollen dem Besitzer von der vor ihnen gemachten Erklärung nichts berichten, oder selbst wenn die Zeugen unaufgefordert erklärten, wir werden Niemanden etwas hievon sagen, oder wir haben es Niemandem mitgetheilt, selbst dann ist die Erklärung des Eigenthümers (מחאה) noch rechtswirksam ; bloss in dem Falle, wenn der Eigenthümer den Zeugen ausdrücklich verboten hatte, überhaupt irgend Jemand hievon in Kenntniss zu setzen, ist die מחאה rechtlich unwirksam[2]).

Eine Ausnahme tritt inter absentes ein, wenn durch Krieg oder sonstige Unsicherheit der Wege der Verkehr zwischen Beider Wohnsitze unterbrochen, oder nur sehr spärlich war ; in diesen Fällen berechtigt der Besitz nicht zur Ersitzung, weshalb der Besitzer die Documente aufbewahren hätte sollen, weil es doch wahrscheinlich ist, dass der Eigenthümer von der Besitzergreifnng nichts erfahren, oder wenn er zufällig davon Kenntniss erlangt hatte, auch die Erklärung abgegeben haben dürfte, die jedoch dem Besitzer unbekannt geblieben ist[3]).

§ 18.
Fortsetzung.

Hat der Eigenthümer innerhalb der drei Jahre die gesetzlich erforderliche Erklärung מחאה gemacht, so genügt diese, so der Besitzer nach dieser Erklärung nicht abermals volle drei Jahre unbeanständet das Objekt besessen hat. Hat er nach dieser Erklärung wieder drei volle Jahre ununterbrochen das Haus im Besitz gehabt, dann nützt die erste Erklärung nichts. Ueberhaupt darf das Objekt zwischen

---

[1]) Baba Bathra 38ᵃ ; Maimuni c. 11 § 2, 5 ; Choschen Mischpat c. 146 § 1.
[2]) Baba Bathra 39ᵃ ; Maimuni c. 11 § 6 ; Choschen Mischpat c. 146 § 3.
[3]) Baba Bathra 38ᵃ ; Maimuni 11 § 2 ; Choschen Mischpat c. 143 § 1.

einer Erklärung und der anderen keine volle drei Jahre im Besitze des Geklagten gewesen sein¹).

Hat jedoch der Eigenthümer nach abgegebener Erklärung das Objekt verkauft und dem Käufer einen Kaufvertrag ausgestellt, oder hat er es vererbt, so genügt die abgegebene Erklärung auch für die Folge, da er doch von seiner Erklärung zurückzutreten nicht mehr berechtigt ist und der Besitzer es auch nachher nicht mehr gekauft haben kann, daher hätte er die Documente aufbewahren sollen²).

Ebenso genügt die vom Eigenthümer einmal abgegebene Erklärung für immer, wenn der Besitzer hernach das Objekt verkauft hat, da doch der Käufer nur Kraft seines Kaufes vom Besitzer sein Recht beanspruchen kann, gegen den Besitzer aber schon vor dem Verkauf die Erklärung abgegeben wurde, wodurch der Verkauf null und nichtig ist und der Käufer, wenn er auch drei Jahre unbeanstandet im Besitze war, keinen Rechtstitel anzugeben vermag, ohne welchen eine Ersitzung nicht stattfindet.³) Doch ist dies nur der Fall, wenn der Käufer bereits vor Zeugen erklärt hat, dass er das Objekt nicht vom Eigenthümer, sondern vom Besitzer gekauft habe, denn widrigenfalls könnte der Käufer nach dreijährigem, ungestörten Besitze mit der Behauptung, er habe das Objekt vom Eigenthümer gekauft, sein Recht geltend machen⁴).

Anmerkung. Ist der Besitzer ein Jahr nach der Besitznahme des Objekts gestorben und hat der Sohn unangefochten den Besitz bis ans Ende der drei Jahre innegehabt, oder waren der Vater und dessen Sohn je ein Jahr und der Käufer, der das Objekt vom Sohne gekauft hat, das dritte Jahr im Besitze, ohne darin angefochten worden zu sein, so

---

¹) Baba Bathra 39ᵇ; Maimuni c. 11 § 8; Choschen Mischpat 146 § 5.
²) Baba Bathra 42ᵃ; R. Samuel b. Meir das.; Choschen Mischpat 146 § 6.
³) Siehe § 19.
⁴) R. Salomon ben Adreth (רשב״א) Resp. 1023; Choschen Mischpat c. 146 § 8; siehe Meirath Enajim Gl. 17.

kommt dies dem Falle gleich, als ob der erste Besitzer das Objekt volle drei Jahre in ununterbrochenem Besitze gehabt hätte. (Baba Bathra 42ᵃ; Maimuni c. 12 § 7 ; Choschen Mischpat c. 144 § 3). Wenn der erste Besitzer nach einem Jahre das Objekt verkauft, und der Käufer es nach einem Jahre wieder an einen Dritten verkauft, und beide Käufer mit Kaufverträgen versehen sind, wodurch, nach dem talmudischen Lehrsatz „Eine Rechtshandlung, worüber ein schriftlicher Vertrag ausgestellt wird, ist als ein öffentlicher, allgemein bekannter Akt zu betrachten" שטרא קלא אית ליה, die Käufe zur allgemeinen Kenntniss, also auch zu der des Eigenthümers gelangt sind, und hat dieser trotzdem keine Einwendung erhoben, so ist die חזקה so rechtswirksam, als hätte der erste Besitzer das Objekt volle drei Jahre besessen. — (Baba Bathra 41ᵇ; Maimuni 12 § 6 ; Choschen Mischpat 144 § 2).

Ist der Eigenthümer im ersten oder zweiten Jahre, ohne Erklärung abgegeben zu haben, gestorben und hat dessen Sohn, als Erbe, bis nach Ablauf des dritten Besitzjahres den Besitzer gleichfalls stillschweigend über das Objekt schalten und walten lassen, oder selbst, wenn der Erbe vor Ablauf der drei Jahre das gesammte Immobiliarvermögen seines verstorbenen Vaters verkauft hat, bleibt der Besitzer noch immer in seinem Rechte, weil weder Vater noch Sohn die erforliche Erklärung abgegeben haben und der Verkauf nicht als solcher angesehen werden kann, weil beim Verkaufe der Verlassenschaft das fragliche Objekt nicht speciell als Verkaufsgegenstand erwähnt wurde. — Hat der Erbe aber in dem Kaufvertrage das Besitzobjekt ausdrücklich und namentlich bezeichnet, so wird der Verkauf als Erklärung (מחאה) betrachtet, der Besitzer hätte daher die zu seiner Legitimation erforderlichen Documente sorgfältig aufbewahren sollen. (Baba Bathra 42ᵇ; Maimuni c. 12 § 8 ; Choschen Mischpat c. 144 § 4).

Ob auch im letzteren Falle der Verkauf des Erben nur dann als die erforderliche Erklärung betrachtet werden könne, wenn über den Verkauf eine schriftliche Urkunde ausgestellt wurde, oder ob auch ein mündlich abgeschlossener

Vertrag genüge, darüber sind die Ansichten getheilt. (Siehe Maggid Mischna zur oben bezeichneten Stelle und Choschen Mischpat a. a. O.)

§ 19.
Fortsetzung der Ersitzbedingungen.

5. Muss der Besitzer den Besitz mit einem Rechtstitel begründen. כל חזקה שאין עמה טענה אינה חזקה „Ein Besitz, dessen Rechtmässigkeit durch keinen Titel begründet wird, beweist nichts für das Eigenthumsrecht"[1]). Dieser Titel bestehet darin, dass der Besitzer dem Eigenthümer gegenüber behaupte: Du hast mir das Objekt verkauft, geschenkt, oder ich habe es von meinem Vater, der mindestens einen Tag im Besitz desselben gewesen, geerbt und nun habe ich es seither bis zum Ablaufe der drei Jahre besessen, ohne dass du während dieser Zeit einen Anstand gegen meinen Besitz erhoben hast; erst dann erfolgt die Ersitzung, obgleich der Kauf oder die Schenkung weder durch Zeugen noch durch eine Urkunde bewiesen wurde, weil man nach dreijährigem, ungestörten Besitze die Documente nicht mehr weiter aufzubewahren pflegt.

Bringt der Besitzer aber keinen der erwähnten Titel zu seiner Rechtfertigung vor, und erwidert er dem Kläger bloss: Ich wusste nicht, wem dieses Objekt gehöre, ich nahm es in Besitz, und da Niemand dagegen Einspruch erhoben und auch in den drei Besitzesjahren keiner eine Erklärung abgegeben hat, so behaupte ich, dasselbe sei in mein Eigenthum übergangen; in diesem Falle folgt keine Ersitzung und so der Kläger es beweist, dass das Objekt ihm gehört hat, erhält er dasselbe nebst Vergütung des Fruchtgenusses vom Besitzer zurück[2]).

6. Darf der Besitzer zum Eigenthümer in keinem der in den §§ 25—31 angeführten Verhältnisse gestanden haben und auch nicht als Räuber verrufen sein, widrigenfalls vindicirt der dreijährige Besitz das Recht der Ersitzung nicht.

---
[1]) Baba Bathra 41ᵃ; Maimuni c. 14 § 12; Choschen Mischpat c. 146 § 9.
[2]) Baba Bathra 41ᵃ; Maimuni c. 14 § 12; Choschen Mischpat

III. Capitel.
Besitz von Feldern und Weingärten.
§ 20.
Zeit des Besitzes.

Felder, Wein-, Obstgärten und überhaupt Anlagen, die nur einmal im Jahre Früchte bringen, unterscheiden sich bezüglich der Besitzzeit von Häusern und solchen Objekten, die stets oder mehrere Male des Jahres nutzbringend sind, nach der Ansicht Maimûnis darin, dass, während bei den letzteren Besitz und Genuss voller dreier Jahre מיום אל יום gefordert wird, bei den ersteren ein dreimaliger Fruchtgenuss von einer und derselben Gattung Früchte genügt, wenn auch zur Zeit der dritten Ernte noch nicht drei Besitzjahre abgelaufen waren[1]).

Hat der Besitzer in den drei Jahren das Feld bloss umgeackert, aber nicht angebaut (נרה שנה אחר שנה[2]), oder hat er es wohl angebaut, betrug jedoch das Erträgniss nicht mehr als die Aussat, so erwirbt er nicht das Ersitzungsrecht, selbst dann nicht, wenn der Eigenthümer keine Erklärung (מחאה) abgegeben hatte, weil der Besitz nur dann zur Ersitzung berechtigt, wenn er einen dreijährigen Nutzgenuss gewährt hat[3]). Ebenso wenig berechtigt es den Besitzer, wenn er die Saaten, nachdem sie zu einem Drittel ihres normalen Wachsthums empor geschossen waren, als Futter für das Vieh abgeschnitten hat אכלה שחת, zur Er-

---

[1]) Baba Bathra 28ᵃ 36ᵇ; Maimuni c. 12 § 1 acceptirt die Ansicht des Amoräers Samuel an letzt bezeichneter Stelle im Talmud Baba Bathra, hingegen R. Ascher und Andere pflichten der Ansicht Rabs bei und fordern auch hier volle drei Jahre. Nach der Erklärung des R. Chananel Baba Bathra, 36ᵇ דקל נערה איכא בינייהו sind selbst nach der Meinung Samuels volle drei Jahre erforderlich. (Siehe R. Samuel ben Meir zur Stelle) Choschen Mischpat c. 141 § 1 werden beide Ansichten angeführt und R. Moses Isserls pflichtet dem R. Ascher bei.

[2]) Baba Bathra 36ᵇ; Maimuni 12 § 9; Choschen Mischpat 141 § 9.

[3]) Baba Bathra a. a. O.; Maimuni 12 § 10; Choschen Mischpat 141 § 6.

sitzung, es sei denn, dass in jener Gegend diese emporgeschossenen Halme als Viehfutter einen höheren Preis haben[1]. Ist der Boden des Grundstückes ein steiniger, wo keine Aussat gedeiht, so genügt es, wenn ihn der Besitzer zu einem geeigneten Gebrauche benützt hat[2]).

§ 21.
Fortsetzung.

Hat der Besitzer in einem der drei Jahre das Feld nicht angebaut, sondern es brach liegen lassen (הובירא), und zwar in einer Gegend, wo manche Eigenthümer ihre Felder ununterbrochen alljährlich anbauen und wieder andere dieselben zu gewissen Zeiten brachliegen lassen, so wird hiedurch der dreijährige Besitz nicht unterbrochen, denn der Besitzer kann sagen: ich that dies, damit der Boden ruhe und im folgenden Jahre erträgnissreicher sei; der Kläger aber kann sein Stillschweigen nicht damit rechtfertigen, dass das Grundstück nicht angebaut war, da er es doch gesehen hatte, dass es aufgeackert war. Jedoch wird das Brachjahr nicht eingerechnet, da der Besitzer volle drei Jahre den Fruchtgenuss haben muss, weshalb er für das ausfallende Brachjahr ein anderes, unmittelbar folgendes Jahr das Feld besitzen und dessen Früchte geniessen muss; bis dahin ist es seine Pflicht, seine Documente sorgfältig zu bewahren[3]). Darüber sind jedoch die Ansichten getheilt, ob der Kläger, wenn das Feld in einer Gegend liegt, in welcher ein Jeder sein Feld brach liegen lässt, der Besitzer jedoch entgegen der Landessitte das Grundstück die drei Jahre hindurch angebaut hat, sein Stillschweigen damit rechtfertigen kann, weil er gesehen habe, dass der Besitzer dem Boden keine Ruhe gönne, was ihm bewiesen habe, dass der Besitzer

---

[1]) Baba Bathra a. a. O.; Maimuni 12 § 11; Choschen Mischpat 141 § 10.
[2]) Baba Bathra 29b; Maimuni 12 § 13 Choschen Mischpat 141 § 12.
[3]) Baba Bathra 29a; Maim. c. 12 § 4; Choschen Mischpat c. 141 § 2.

das Objekt nicht als sein Eigenthum betrachte, oder aber umso mehr die Einwendung hätte erheben sollen, da er doch gesehen, dass der Besitzer den sein (des Klägers) Eigenthum bildenden Boden völlig ausraube[1]).

§ 22.
Fortsetzung.

Wenn zwei Personen A. und B., die mit einander ein gesellschaftliches Verhältniss eingegangen waren und ein Grundstück abwechselnd im Besitze hatten und zwar so, dass A. im ersten, dritten und fünften und B. im zweiten, vierten und sechsten Jahre das Objekt im Besitze hatte, gegen den Kläger einwenden, wir haben das Feld gemeinschaftlich von dir gekauft und sind mit einander übereingekommen, dasselbe abwechselnd von Jahr zu Jahr in Besitz und Genuss su haben, so dass dir gegenüber nun sogar sechs Jahre verflossen sind, ohne dass du eine Erklärung gegen unseren Besitz abgegeben hättest, weshalb wir nicht verpflichtet waren, den Kaufvertrag länger zu bewahren, und wenn der Kläger darauf erwidert, da keiner von Euch drei nacheinander folgende Jahre im Besitze des Objektes war, so ist die gesetzliche Frist noch nicht abgelaufen, darum bin ich berechtigt mein Eigenthum zu fordern, in diesem Falle ist zu unterscheiden, ob die Gesellschafter das angebliche Uebereinkommen durch einen schriftlichen Vertrag oder bloss mündlich getroffen haben.

Im ersteren Falle brauchen die Gesellschafter den mit einander geschlossenen Vertrag bloss dem Gerichte vorzulegen und die Ersitzung erfolgt schon durch den Besitz der ersten drei Jahre, denn es gilt der Grundsatz: שטרא קלא אית לי׳ worüber eine schriftliche Urkunde ausgestellt wurde, das ist allgemein bekannt, somit ist es auch dem Kläger nicht unbekannt geblieben, er hätte daher rechtzeitig die Erklärung abgeben sollen. Im zweiten Falle hingegen kann es sehr leicht möglich sein, dass der Kläger von dem Ueber-

---

[1]) Tur Choschen Mischpat c. 141 im Namen des R. Jeschaje; der Tur selbst ist jedoch entgegengesetzter Meinung. Schulchan Aruch Choschen Mischpat das. § 4 citirt beide Ansichten.

einkommen nichts erfahren hat und da keiner der beiden Besitzer drei nacheinander folgende Jahre das Objekt inne hatte, so hat der Kläger die Zeit der Reclamation nicht versäumt und selbst der sechsjährige, stets unterbrochene Besitz berechtigt nicht zur Ersitzung[1]).

§ 23.
Besondere Bestimmung beim Besitze von Bäumen.

Beim Besitze von Obstbäumen ist als besondere Bedingung zur Erlangung der Ersitzung erforderlich, dass der Besitzer in den drei Jahren die Früchte vom Baume pflücke; fallen sie aber von selbst ab, so gilt, selbst wenn sie bereits vollkommen gereift waren, dies noch nicht als Beweis für das Recht der Ersitzung[2]). Bei Bäumen, deren Früchte nur einmal in drei Jahren reifen[3]), genügt es zur Ersitzung, wenn der Besitzer die Bäume im ersten Jahre gepflanzt, drei Jahre hindurch die erforderliche Arbeit verrichtet und im dritten Jahre die Früchte gepflückt hat[4]).

§ 24.
Fortsetzung.

Durch den dreijährigen Besitz und Fruchtgenuss des Baumes erwirbt der Besitzer wohl die Ersitzung des Baumes selbst, insolange dieser in dem Boden wurzelt; ist er aber verdorrt oder wurde er durch Stürme entwurzelt, so ist der Besitzer nur dann berechtigt, an dessen Stelle einen anderen Baum zu pflanzen, wenn er behauptet, vom Kläger ausdrücklich den Baum und den Grund selbst gekauft zu haben, worüber er auch eine Urkunde gehabt hätte, die er

---

[1]) Baba Bathra 29ᵇ; Maim. c. 12 § 5; Choschen Mischpat 144 § 1. Siehe Meirath Enajim das.

[2]) Baba Bathra 36ᵇ; nach der Erklärung des R. Chananel zur dortigen Talmud-Stelle בינייהו איכא נערה דקל siehe R. Samuel ben Meir das. Choschen Mischpat 141 § 15.

[3]) Z. B. שוח בנות eine Gattung weisser Feigen, siehe Schwiith Abschnitt 5 Mischna 1.

[4]) Tur im Namen des R. Ascher Choschen Mischpat 141 § 16.

aber, nachdem er unangefochten im Besitz desselben geblieben war, nicht mehr bewahrt habe[1]). Sind auf einer Grundfläche im Ausmaasse von drei Saah Aussat dreissig Bäume gepflanzt und zwar auf je einem Raume von einer Saah zehn Bäume und geniesst der Besitzer die Früchte in den drei Besitzjahren abwechselnd in je einem Jahre jedesmal von zehn anderen Bäumen, die nicht auf ein und derselben Saah stehen, sondern in dem ganzen Garten zerstreut stehen, dann erwirbt er hiedurch das Recht der Ersitzung des ganzen Gartens[2]).

Anmerkung: Die in den §§ 16, 17, 18 und 19 bei der Ersitzung von Häusern angeführten Bestimmungen sind auch zur Ersitzung von Feldern und Baumgärten erforderlich.

---

[1]) Baba Bathra 38ª; Maim. c. 12 § 18; Choschen Mischpat 141 § 20.

[2]) Baba Bathra 36ᵇ; Maim. c. 12 § 19. Nach Ansicht Maimunis ist dies nur dann der Fall, wenn die anderen Bäume in dem betreffenden Jahre keine Früchte getragen haben, oder wenn sie der Besitzer auf den Bäumen zurückgelassen hatte. Choschen Mischpat 141 § 17. Wären weniger als zehn Bäume auf dem Raum einer Saah oder mehr als zehn darauf gepflanzt, hierüber siehe R. Samuel b. Meir Baba Bathra 36ᵇ und Choschen Mischpat a. a. O.

Dritter Abschnitt.

I. Capitel.
Ausschluss der Ersitzung.

§ 25.

Es gibt Fälle, in welchen das Recht der Ersitzung ausgeschlossen ist und wo der dreijährige, unangefochtene Besitz keinen rechtlichen Beweis erbringt. Diese Fälle sind theils in dem Verhältnisse begründet, in welchem der Besitzer zum Eigenthümer steht, theils liegt der Grund in der persönlichen Beschaffenheit des Besitzers oder des Eigenthümers.

§ 26.
Der Baumeister als Besitzer.

Das Verhältniss des Baumeisters als Besitzers zum Grund- oder Hauseigenthümer schliesst das Ersitzungsrecht aus האומן אין לו חזקה. Eine Person, die mit dem Bau eines Gebäudes oder mit der Einrichtung und Reparatur desselben eine längere Zeit beschäftigt war und drei Jahre in Besitz des Objektes geblieben ist, ohne dass der Eigenthümer vor Zeugen einen Anstand dagegen erhoben hätte מחאה, erwirbt dieserwegen noch nicht das Ersitzungsrecht, weil der Besitz kein Beweis dafür ist, dass der Besitzer das Objekt gekauft habe, da er doch als Arbeiter in dem Gebäude beschäftigt war[1]).

Ist aber der Bauführer nach vollkommen vollendeter Arbeit noch drei volle Jahre unangefochten im Besitz des

---

[1]) Baba Bathra 42ᵃ; (siehe R. Samuel ben Meir z. St.) 47ᵃ; Maim. c. 13 § 4; Choschen Mischpat c. 149 §. 28.

Objektes geblieben, dann tritt wieder das Recht der Ersitzung in Kraft¹).

War der Sohn des Bauführers drei Jahre im Besitze des Objektes und rechtfertigt er den Besitz mit dem Rechtstitel, dass er dasselbe vom Eigenthümer gekauft habe, so erlangt er das Recht der Ersitzung. Behauptet er aber, sein Vater habe es gekauft, so erfreut er sich des Ersitzungsrechtes nicht²).

§ 27.
Gesellschafts-Verhältniss.

Wenn zwei oder mehrere Personen gemeinschaftliche Eigenthümer eines Grundstückes sind, dessen Flächenraum zu klein ist, als dass es getheilt werden könnte, und ist einer der Gesellschafter im Besitze und Genusse des ganzen Objektes volle drei Jahre unangefochten geblieben, so bewirkt dieser Besitz noch nicht das Recht der Ersitzung השותפין אין להם חזקה, weil die Eigenthümer in Folge des Umstandes, dass das Grundstück nicht getheilt werden kann, gewöhnlich abwechselnd einige Jahre im Besitz und Genuss desselben belassen werden, unbeschadet des Eigenthumsrechtes des anderen Gesellschafters. War das Objekt jedoch theilungsfähig, so beweist der dreijährige Besitz und Genuss, so der Besitzer behauptet, dass er von den anderen Miteigenthümern ihre Antheile gekauft habe, wohl dessen Recht und es ist ihm die Ersitzung zuzuerkennen³).

§ 28.
Das Verhältniss des Feldarbeiters zum Eigenthümer.

Feldarbeiter, die für ihre Arbeit einen Theil des Erträgnisses in Naturalien beziehen, אריסים, erwerben, wenn sie und ihre Väter von jeher bei dem Eigenthümer und dessen Vorfahren in Dienst gestanden haben אריסי בתי אבות, durch

---

¹) Baba Bathra Maim. und Choschen Mischpat a. a. O.
²) Baba Bathra 47ᵃ; Maim. c. 14 § 3; Choschen Mischpat c. 152 הזקה. אומן אין לו חזקה בן אומן יש לו.
³) Baba Bathra 42ᵃ; Maim. c. 13 § 8; Choschen Mischpat c. 149 § 2.

dreijährigen Besitz und Genuss gleichfalls nicht das Recht der Ersitzung, weil es bei solchen Arbeitern, die gleichsam ein Anrecht auf die Bearbeitung der betreffenden Familiengrundstücke haben, sehr oft zu geschehen pflegt, dass der Eigenthümer und der Arbeiter abwechselnd einige Jahre nach einander den vollen Fruchtgenuss beziehen, weshalb der dreijährige Besitz kein Beweis für das Eigenthumsrecht des אריס ist. Wird aber das bestandene Verhältniss zwischen beiden Theilen aufgelöst und bleibt der Arbeiter auch nachher noch drei volle Jahre hindurch ungestört im Besitze des Objektes, dann erlangt er das Recht der Ersitzung ירד מאריסתו יש לו חזקה[1]. Ebenso erlangt er dieses Recht, wenn er anstatt selbst das Feld zu bearbeiten, dasselbe durch vom אריס bestellte Arbeiter, ohne dass er selbst mit arbeitet, bebauen lässt[2]).

§ 29.
Das Verhältniss zwischen Ehegatten.

Der Ehemann erwirbt, wenn er die Grundstücke seiner Gattin, deren Erträgnisse ihm gesetzlich gehören, (נכסי מלוג), ohne Anfechtung besitzt und geniesst, dadurch noch nicht das Ersitzungsrecht, wenn er auch behauptet, dieselben käuflich für sich erworben zu haben, da der Besitz nichts beweist, weil mit der Eingehung der Ehe wohl die Früchte dem Gatten gehören ohne dass dieser jedoch darum ein Eigenthumsrecht auf die Immobilien der Gattin würde haben[3]). אין לאיש חזקה בנכסי אשתו. Selbst in dem Falle, wenn der Gatte rechtskräftig auf den ihm gesetzlich gebührenden Fruchtgenuss verzichtet hatte, ist der nach dieser Verzichtleistung stattgehabte dreijährige unangefochtene Besitz und Genuss der נכסי מלוג kein Beweis dafür, dass er die Güter gekauft habe, weil sich in der Regel die Gattin nicht leicht entschliessen kann, ihrem Gatten den Fruchtgenuss zu verweigern.[4])

---

[1]) Baba Bathra 46ᵇ; Maim. c. 13 § 5 6; Choschen Mischpat 149 § 25—27.

[2]) A. a. O. Die im § 25 angeführte Bestimmung bezüglich des בן אוטן hat auch für den Sohn des Feldarbeiters בן אריס Geltung.

[3]) Baba Bathra 42ᵃ, 49ᵃ; Maim. c. 18, § 8; Choschen Mischpat 149, § 9; und Eben Haeser c. 87 § 1.

[4]) a. a. O.

Ebenso wenig erwirbt die Gattin durch einen dreijährigen unangefochtenen Besitz und Genuss das Recht der Ersitzung an den Gütern ihres Gatten, weil der Gatte ihr den Fruchtgenuss überlassen haben kann, damit sie in der Lage sei, die nöthigen Lebensmittel, (מזונות) die er ihr zu verabreichen verpflichtet ist, nach eigenem Verlangen anzuschaffen אין לאשה חזקה בנכסי בעלה. Selbst wenn der Gatte für ihren Unterhalt anderweitig gesorgt hat, nimmt er es doch nicht genau, ihr die Früchte nicht zu gönnen[1]).

§ 30.
Fortsetzung.

Nicht bloss der Gatte, sondern auch andere Personen erwerben nicht das Ersitzungsrecht durch einen dreijährigen unangefochtenen Besitz der Güter einer verheirateten Frau beim Leben ihres Gatten, weil angenommen werden kann, dass sie darum keine Erklärung מחאה abgegeben habe, weil sie voraussetzte, dass dies von Seiten des Gatten erfolgen werde[2]). Nur in dem Falle, wenn der Besitzer noch nach dem Tode des Gatten drei Jahre hindurch das Objekt besessen hat, obgleich er auch beim Leben des Ehemannes schon in dessen Besitze war und wenn er den Titel vorbringt, in seiner Gegenwart habe die Gattin das Gut dem Gatten verkauft, von dem er es wieder gekauft habe, nur in diesem Falle wird seinen Worten Glauben beigemessen, da er doch hätte behaupten können, ich habe es von der Gattin nach des Mannes Tode gekauft ממנו, wofür der dreijährige Besitz spricht.

§ 31.
Das Verhältniss zwischen Vater und Sohn.

So lange der Sohn im Hause des Vaters ist und an dessen Tisch theilnimmt, erwirbt weder der Vater durch einen dreijährigen ungestörten Besitz das Ersitzungsrecht an den Gütern des Sohnes, noch der Sohn an denen des

---
[1] Baba Bathra 42ᵃ, 51ᵃ; Maim. c. 13 § 8: Choschen Mischpat 149, § 9; Eben Haeser 87 § 1.
[2] Baba Bathra 50ᵇ; Maim. c. 14 § 11; Choschen Mischpat 149, § 11; Eben Haeser c. 87 § 2.

Vaters, weil das Verhältniss in der Regel ein solches ist, dass sie einander gegenseitig den Besitz und Genuss gestatten.¹) אין לאב חזקה בנכסי הבן ולא לבן בנכסי האב Erst dann, wenn der Sohn vom väterlichen Tische sich entfernt hat oder wenn er eine Ehe schliesst, בן שחלק, erst dann tritt, wenn der Eine von ihnen drei Jahre ungestört im Besitze des Objekts des Anderen geblieben ist, das Recht der Ersitzung in Kraft.

§ 32.
Das Verhältniss des Vormundes zum Mündel.

Der Vormund, ohne Unterschied ob er vom Erblasser oder vom Gerichte als solcher ernannt wurde, erlangt durch den dreijährigen unangefochtenen Besitz der Immobilien seines Mündels nicht das Recht der Ersitzung, da dessen Vermögen ohnedies unter der Verwaltung des Vormundes stehet, wer hätte also eine Einwendung gegen diesen erheben sollen? האפטרופין אין להם חזקה.
Es ist übrigens einerlei, ob der Vormund für die gesammte Verlassenschaft, oder bloss zur Verwaltung des betreffenden Grundstückes bestellt wurde; in keinem Falle erlangt er die Ersitzung und zwar selbst dann nicht, wenn der Mündel inzwischen die Grossjährigkeit erreicht und gleichwohl keine Erklärung abgegeben hatte. Nur dann, wenn er, nachdem er von der Vormundschaft enthoben wurde, unangefochten volle drei Jahre im Besitz des Objektes geblieben ist, wird ihm das Ersitzungsrecht zuerkannt²).

II. Capitel.
Ausschluss durch die persönliche Beschaffenheit des Besitzers oder des Eigenthümers.

§ 33.
Der Räuber.

Wenn bezüglich solcher Güter, welche durch Raub, oder überhaupt mala fide gewaltsamerweise in Besitz genom-

---

¹) Baba Bathra 42ª; Maim. c. 13 § 1, 8; Choschen Mischpat 149 § 3 Siehe 5—8.

²) Baba Bathra 42ª; Baba Mezzia 39ᵇ; Maim. c. 13 § 7; Choschen Mischpat 149 § 29, 30.

men wurden, der räuberische Besitzer nach dreijährigem Besitz behauptet, er habe das Objekt nachträglich vom Eigenthümer gekauft, so beweist der dreijährige unangefochtene Besitz nichts für die Wahrheit dieser Behauptung, weil der Eigenthümer aus Furcht vor einer Gewaltthätigkeit des Besitzers es nicht wagen konnte, gegen den Besitz eine Erklärung (מחאה) abzugeben גזלן אין לו חזקה. Selbst wenn Zeugen bestätigen, dass der Eigenthümer in ihrer Gegenwart dem Räuber den Kauf eingestanden habe, wird dies als beweiskräftig nicht erachtet, weil auch dieses Geständniss als ein nur aus Furcht abgelegtes angesehen wird. Endlich erwirbt der Besitzer auch dann die Ersitzung nicht, wenn er als gewaltthätiger, gefährlicher Mensch allgemein gefürchtet wird, obgleich es nicht bekannt war, dass er den Besitz mala fide in seine Gewalt gebracht hat[1]).

1. Anmerkung: Auch der Sohn oder Erbe eines Räubers erwirbt die Ersitzung nicht, wenn er seinen dreijährigen Besitz damit begründet, dass der Eigenthümer vor Zeugen eingestanden habe, das Objekt seinem Vater verkauft zu haben. Behauptet jedoch der Sohn, dass er selbst das Objekt vom Eigenthümer gekauft habe, dann genügt dessen dreijähriger, unangefochtener Besitz, damit ihm die Ersitzung zuerkannt werde. (Baba Bathra 47ᵃ; Maim. u. Choschen Mischpat a. a. O.)

2. Anmerkung: Auch nach dem römischen Recht sind gewaltsam in Besitz genommene Immobilien insolange der Ersitzung entzogen, bis sie in die Gewalt des Eigenthümers zurück kommen. (Dernburg, Pandekten S. 501 § 220).

§ 34.
Minderjährige Eigenthümer.

Das Vermögen Minderjähriger ist von dem Ersitzungsrechte ausgeschlossen, weil diesen Verständniss- und Willenskraft fehlt, um dem Besitzer gegenüber in den drei Besitzjahren ihr Recht geltend zu machen und eine Einwendung

---

[1]) Baba Bathra 47ᵃ; Maim. 13 § 2 und 11 c. 14 § 2; Choschen Mischpat c. 151 § 3, c. 152 § 1.

מחאה zu erheben. Selbst wenn der Eigenthümer während der drei Besitzesjahre die Grossjährigkeit erreicht hat, erwirbt der Besitzer das Recht der Ersitzung nicht. אין מחזיקין (¹בנכסי קטן ואפילו הגדיל). Dem Minderjährigen gleich sind der Taubstumme und der Irrsinnige (חרש ושוטה); auch bei deren Immobilien erlangt man durch dreijährigen, unangefochtenen Besitz nicht die Ersitzung[2]).

Aber auch wenn Einer von diesen Dreien die Immobilien eines Grossjährigen drei Jahre unangefochten besitzt, erlangt er die Ersitzung nicht, weil er weder einen Rechtstitel vorzubringen fähig ist, noch es der Eigenthümer für nöthig erachtet, eine Erklärung מחאה abzugeben[3]).

Anmerkung: Auch nach röm. Recht sind Sachen der Minderjährigen unersitzbar. (Dernburg, Pendekten S. 501 § 220 f.)

§ 35.
Eigenthum eines Flüchtlings.

Das Eigenthum einer Person, die zur Rettung des Lebens die Flucht ergriffen hat, בורח מחמת נפשות, ist unersitzbar, weil der Flüchtling es nicht wagen konnte, die nöthige Einwendung gegen den Besitzer zu erheben מחאה aus Furcht, sein Aufenthaltsort könnte hiedurch bekannt werden und er dadurch Gefahr laufen, ausgeliefert zu werden, daher bildet der dreijährige unangefochtene Besitz seines Eigenthums keinen Beweis für das Ersitzungsrecht. Wäre er aber bloss, um dem Drängen seiner Gläubiger zu entgehen, geflüchtet ממון מחמת בורח, dann berechtigt der dreijährige unangefochtene Besitz zur Ersitzung, weil er in diesem Falle weniger der Verfolgung ausgesetzt ist und daher eine Erklärung gegen den Besitz hätte abgeben sollen[4]).

---

[1]) Baba Mezia 39ᵃ; Maim. c. 14 § 7; Choschen Mischpat c 149 § 18—20. Ob der dreijährige Besitz, nachdem der Eigenthümer die Grossjährigkeit erreicht hat, zur Ersitzung berechtigt, darüber sind die Ansichten getheilt. Siehe Maim. a. a. O. und ראב״ד, so wie Maggid Mischna das. und Choschen Mischpat a. a. O.

[2]) Maim. c. 13 § 2, siehe Magid Mischna das. Choschen Mischpat 149 § 18.

[3]) Maim. a. a. O. und Maggid Mischna, Choschen Mischpat a. a. O.

[4]) Baba Bathra 38ᵇ; Maim. c. 14 § 10; Choschen Mischpat c. 143 § 3.

§ 36.
Güter der Synagoge und milden Stiftungen.

Immobilien, die für die Synagoge, oder für Armenpflege oder andere mildthätige Zwecke gestiftet wurden, sind in der Regel nicht ersitzbar. Eine Ausnahme davon bildet es jedoch, wenn die ganze Verwaltung derselben ausschliesslich bestimmten Personen, die zugleich Mitglieder dieser Stiftung sind, anvertraut ist; in diesem Falle kann durch die Unterlassung der Erklärung מחאה von Seiten der Verwaltung der dreijährige Besitz die Ersitzung erwirken[1]).

Anmerkung: Nach röm. Recht sind Immobilien der Kirchen und milden Stiftungen überhaupt unersitzbar. (Dernburg Pandekten S. 501 § 220).

---

[1]) Tur und Schulchan Aruch Choschen Mischpat c. 149 § 31.

Vierter Abschnitt.

I. Capitel.

Besitz beweglicher Güter.

§ 37.
Eintheilung.

Die beweglichen Sachen (מטלטלי' Mobilien) werden eingetheilt:

I. in leblose Sachen, welche in der Regel weder zum Ausleihen noch zum Vermiethen bestimmt sind (דברים שאינן עשויין להשאיל ולהשכיר).

II. in solche, die gewöhnlich Anderen geliehen oder vermiethet werden (דברים העשויין להשאיל ולהשכיר) und endlich

III. in Thiere (בודרות).

§ 38.
Begriffsbestimmung.

Bezüglich der Begriffsbestimmung von העשויין להשאיל ולהשכיר sind die Ansichten getheilt. Nach Maimûni deutet der talm. Ausdruck העשוין (gemacht, verfertigt) auf die Bestimmung, dass die Sache zum Verleihen gegen andere Freundschaftsdienste oder zum Vermiethen gegen Geld, nicht aber zum eigenen gewöhlichen Gebrauche verfertigt und angeschafft worden ist. Denn sonst müsste es heissen הראוין (die geeignet sind) nicht aber העשוין (die gemacht wurden). Maimûni[1]) erklärt diesen Begriff mit folgenden Worten: אל תטעה בין דברי' העשוין להשאיל ולהשכיר לדברי' שדרכן להשאיל ולהשכיר כמו שטעו רבים וגדולים שכל הדברי' ראוין להשאיל ודרכן להשאיל

---

[1]) Maim. Toen Wenitan c. 8 § 9.

אפי׳ חלוקו של אדם ומצעו ומטתו ראוי׳ להשאיל אבל דברי׳ העשוי׳ להשאיל
ולהשכיר הם הכלים שבני אותה מדינה עושי׳ אותן מתחלת עשייתן כדי
להשאילן ולהשכירן וליטול שכרן והרי הן לבעליהן כמו קרקע שאוכל
פירותיהן והגוף קיים כך אלו הכלים עיקר עשייתן כדי להנות בשכרן כגון
היורות הגדולות של נחשת שמבשלי׳ בהן בבית המשתאות וכגון כלי נחשת
הטוח בזהב ששוכרין אותו לכלה להתקשט בו שעשיית אלו הכלי׳ אינן
למכיר׳ עצמן ולא להשתמש בהן בעל הבית בביתו אלא להשאילן לאחרי׳
כדי להנות כנגדן או להשכירן וליטול שכרן.

„Damit du in der Erklärung der Worte העשוי׳ להשאיל
nicht irrest, wie so manche grossen Erklärer, erwäge, dass
wohl alle Sachen geeignet sind zum Leihen und zum Vermiethen, selbst Kleidungsstücke pflegt man auszuleihen, aber
der Begriff העשוים deutet auf jene Gegenstände, welche die
Bewohner jener Provinz ausschliesslich zu dem Zwecke ver-
fertigen lassen, um dieselben leihen und vermiethen zu
können und dafür belohnt zu werden. Sie dienen dem Eigenthümer gleich einem Grundstücke, dessen Früchte er geniesst,
während das Grundstück selbst als sein Eigenthum fortbe-
steht, ebenso sind diese Gegenstände bloss des Nutzgenusses
halber gemacht worden, wie z. B. grosse kupferne Kessel,
die man bloss zum Kochen bei grossen Gastmälern benützt
und zu diesem Behufe miethet, oder vergoldete Schmuck-
sachen, die man zum Brautschmuck verwendet und miethet
und ähnliche andere Geräthe, die weder zum Verkaufe noch
zum eigenen persönlichen Gebrauch, sondern dazu verfertigt
werden, um sie für einen Gegendienst Anderen zu leihen und
gegen Lohn zu vermiethen."

Doch umfasst selbst nach Maimûni der Begriff העשויין auch
solche Sachen, die wohl ursprünglich nicht zum Ausleihen
oder Vermiethen verfertigt wurden, die aber vom Eigenthümer zu diesem Behufe angeschafft und bestimmt wurden,
und so durch Zeugen festgestellt ist, dass er dieselben zu
jeder Zeit, so sie benöthigt werden, Leih- oder Miethweise
überlässt, werden sie auch dann als דברים העשויי׳ להשאיל ולהשכיר
betrachtet, weil der Begriff העשויי׳ auch die Deutung „bestimmt zum Leihen und Vermiethen" zulässt[1]).

---

[1]) Maim. a. a. O. וכן אם הי׳ לאדם משאר הכלים ויש לו עדים שהוא

Hingegen sind alle andere Sachen als דברים שאינן עשוי׳ להשאיל ולהשכיר zu beurtheilen, insbesondere jene Gegenstände, denen leicht ein Schaden zugefügt werden kann, wo dann der Verlust grösser als der Lohn wäre; selbst wenn Zeugen aussagen, dass sie ausnahmsweise ausgeliehen oder vermiethet wurden, werden sie zur Klasse der אינן עשוי׳ להשאיל ולהשכיר gerechnet[1]). Hingegen nehmen R. Chananel sowie R. Alfassi und andere Decisoren das Wörtchen העשויין nicht buchstäblich und erklären es wie folgt: „Gegenstände, die man zu leihen und zu vermiethen pflegt." Sie reihen daher alle Mobilien, die keinen besonders hohen Werth haben und die nicht leicht beschädigt werden, weshalb man sie ohne Anstand wegleiht oder vermiethet, in die Klasse der עשוי׳׳ להשאיל ולהשכיר und schliessen nur jene Gegenstände aus, die einen besonders hohen Werth besitzen oder sehr leicht beschädigt werden können. Doch fordern sie, dass der Besitzer zu dem Eigenthümer in einem freundschaftlichen Verhältnisse gestanden habe, ferner dass der Eigenthümer die Gegenstände auch sonst an Andere zu leihen oder zu vermiethen pflege; es hängt überhaupt alles von der Landessitte, so wie von dem Charakter des Eigenthümers ab, denn es gibt engherzige Menschen die selbst gegen Entlohnung einem Anderen den Gebrauch ihrer Sachen nicht gönnen, während es andererseits wohlwollende Menschen gibt, die sich freuen, einem Anderen einen Dienst zu erweisen und endlich solche, die einen Unterschied machen, zwischen Freunden und Bekannten und zwischen Fremden und Unbekannten[2]).

§ 39.
Besitz von leblosen beweglichen Sachen, die nicht bestimmt sind, geliehen und vermiethet zu werden.

Bezüglich beweglicher, lebloser Sachen, die zur Klasse der: אינן עשוי׳ להשאיל ולהשכיר gehören, lautet der Rechts-

משכירו תמיד ומשאילו והוחזק לו שהוא להשאיל ולהשכיר הרי הוא בכלים העשוי להשאיל ולהשכיר.

[1]) Maim. a. a. O. § 10, vergl. Maggid Mischna das. und Sifse Kohen Choschen Mischpat c. 72 gl. 83.
[2]) R. Ascheri Schebuoth Abschnitt 7 Halacha 5, R. Nissim das.

satz שלו הוא אדם ביד הנמצא דבר כל חזקה „Mobilien, die im Besitze eines Menschen sich befinden, sind in der Regel auch dessen Eigenthum[1]).

In Folge dieses Rechtssatzes begründet der Besitz solcher Sachen, welche עשוי' להשאיל ולהשכיר אינן sind, sofort die Ersitzung, so der Besitzer einen Titel angibt: A. ist im Besitze von Mobilien, B. beweist durch Zeugen, dass diese Gegenstände sein Eigenthum waren und fordert dieselben von A. mit der Behauptung, er habe sie bloss geliehen oder vermiethet. A. erhebt aber die Einwendung, B. habe ihm dieselben verkauft oder geschenkt und somit in sein Eigenthum tradirt; in diesem Falle wird der Gegenstand dem Besitzer als dessen Eigenthum zuerkannt und es tritt das Ersitzungsrecht sofort ein, ohne Rücksicht auf die Dauer des Besitzes, weil bei Sachen, die nicht zur Klasse der עשוי' להשאיל ולהשכיר gehören, der Besitz allein schon für das Eigenthumsrecht spricht: חזקה מה שביד האדם הוא שלו[2]).

Behauptet A. aber nicht, dass er das Objekt von B. durch Kauf oder Schenkung, sondern als Handpfand (משכון) für ein Darlehen erhalten habe, so ist er für den Fall, dass bei der Uebergabe der Sache von B. an A. keine Zeugen anwesend waren, beglaubt, weil er die מגו hat, d.h. weil er doch behaupten hätte können, er habe sie von B. käuflich übernommen; er hat seine Behauptung bloss eidlich zu bekräftigen und B. ist gehalten die angebliche Schuld bis zur Höhe des Werthes vom betreffenden Objekte zu zahlen. Selbst wenn Zeugen aussagen, dass B. die Sache dem A.

Tur und Schulchan Aruch Choschen Mischpat c. 72 § 19. Siehe Beth Josef das.

[1]) In dieser Form findet sich zwar der angeführte Rechtssatz im Talmud nicht, jedoch erhellt er aus mehreren Stellen insbesondere aus Baba Bathra 46a; Schebuoth 46b; Siehe Maim. Toen Wenitan c. 8 § 1 und Maggid Mischna z. St. Tur und Schulchan Aruch Choschen Mischpat c. 133 § 1 und endlich Koheleth Jacob S. 95 § 88.

[2]) Baba Bathra 46a; Schebuoth 46b Maim. c. 8 § 1; Choschen Mischpat c. 133 § 1. Der Besitzer hat jedoch seine Angabe durch einen talmudisch angeordneten Eid שבועת היסת zu bekräftigen (a. a. O.).

leiheweise übergab, ist A. unter Eidesablegung, dass er dieselbe nachher von B. gekauft oder ihm ein Darlehen darauf gemacht habe, das Recht zuzuerkennen für den Fall, dass keine Zeugen aussagen, den Gegenstand zur Zeit der Klageführung oder kurz vorher bei A. gesehen zu haben, weil auch in diesem Falle A. eine מגו hat d. h. einwenden hätte können: ich habe die Sache bereits zurückgegeben. (והחזרתי לך). Nur dann, wenn die Uebergabe von B. an A. vor Zeugen stattgefunden hat und Zeugen jetzt oder kurz vorher die Sache bei A. gesehen haben, nur dann ist A. schuldig, die Sache dem B. als Eigenthümer zurückzustellen und sein Besitzrecht ist als erloschen zu erklären[1]).

Anmerkung. Mehrere römische Rechtslehrer begründen den Besitzschutz überhaupt mit dem Eigenthumsrecht. So wird nach einer älteren Ansicht in dem Besitz das wahrscheinliche Eigenthum geschützt; nach Gans ist der Besitz anfangendes Eigenthum und nach Ihering ist der Besitzschutz im Intresse der nothwendigen Ergänzung des Eigenthumsschutzes. (Siehe Jhering: Ueber den Grund des Besitzschutzes §. 6, ferner S. 25—28.)

§ 40.
Besitz beweglicher Sachen, die geliehen oder vermiethet werden.

Bei Mobilien, die zum Leihen oder Vermiethen bestimmt sind (עשוי׳ להשאיל ולהשכיר), findet der Rechtssatz: Was im Besitze einer Person ist, beweist dessen Eigenthumsrecht" (חזקה מה שביד האדם הוא שלו) keine Anwendung. da es doch sehr leicht möglich ist, dass dieselben leihe- oder miethweise in deren Besitz gelangt sind. Es findet daher bei diesen, selbst nach dreijährigem, unangefochtenen Besitz, das Ersitzungsrecht nicht statt. A. ist im Besitze eines zu der in Rede stehenden Klasse gehörenden beweglichen Gegenstandes, B. beweist durch Zeugen, dass die Sache sein Eigenthum gewesen und fordert sie daher von

---

[1]) A. a. O. Choschen Mischpat. c. 72 § 18. Weitläufige Erörterungen hierüber an den angeführten Stellen, die jedoch weniger hieher gehören, weshalb diese Andeutungen genügen mögen.

A. mit der Behauptung, er habe sie ihm bloss geliehen oder vermiethet, A. aber stellt dies in Abrede und wendet dagegen ein, B. habe ihm dieselbe verkauft oder verpfändet. Hier bildet der Besitz keinen Beweis, u. zw. darum, weil da B. diese Sache Anderen zu leihen oder zu vermiethen pflegt, dies auch gegenüber A. der Fall sein kann. A. kann allenfalls fordern, dass B. seine Behauptung durch einen rabbinischen Eid bekräftige und ist gehalten dem B. als Eigenthümer die Sache auszufolgen. Doch findet dies nur dann Statt, wenn Zeugen den Gegenstand bei A. gesehen haben, widrigenfalls findet die Angabe des A. Glauben, da er eine מגו hat, d. h. er könnte den Besitz überhaupt in Abrede stellen (ולא היו דברים מעולם).[1]

§ 41.
Fortsetzung.

Behauptet aber B. in seiner Klage gegen A. die Sache sei ihm gestohlen worden, A. sei daher ein Besitzer mala fide, so ist in der Regel die Klage abzuweisen und A. die Ersitzung zuzuerkennen, weil ohne Beweis Niemand eines Diebstahls beschuldigt werden kann. אחזוקי אינשי בגנבי לא מחזקינן Eine Ausnahme bildet es jedoch, wenn das Gerücht, dass B. bestohlen wurde, sich allgemein verbreitet hat, und wenn behauptet wurde, dass der betreffende Gegenstand unter den gestohlenen Sachen sich befunden habe; in diesem Falle ist unter gegebenen Umständen der Klage des B. Folge zu geben und je nachdem, ob der Besitzer selbst des Diebstahls beschuldigt oder bloss als Käufer vom Diebe angeklagt ist, hat er die Sache ohne oder mit Ersatz des Kaufpreises dem Eigenthümer zurück zu geben[2].

---

[1] Schebuoth 46b; Baba Mezia 116a; Maim. c. 8 § 4; Choschen Mischpat c. 72 § 18 und c. 133 § 5; siehe Tur und Meirath Enajim Glosse 13.

[2] Ausführliches hierüber B. Kamma 114a; Schebuoth 46a; Maim. Toen Wenitan c. 8 § 5—8, Geneba c. 5 § 10 f. f.; Choschen Mischpat c. 90 § 11, 12, C. 133 § 6, 7 und c. 357 § 1; siehe Meirath Enajim gl. 2 und Sifse Kohen gl. 2.

§ 42.
Handwerker als Besitzer von Mobilien.

Ist der Besitzer einer beweglichen Sache ein Handwerker (אומן), dessen Beruf die Verfertigung und Ausbesserung von Sachen ist, die zur Gattung jener Gegenstände gehören, welche das Objekt des Besitzes bilden, so ist das Verhältniss gleich jenem vom Besitze der Sachen, die zum Leihen oder Vermiethen bestimmt sind: דברים העשויין להשאיל ולהשכיר (§ 39) und berechtigt der Besitz nicht zur Ersitzung. Ist A. z. B. ein Uhrmacher oder Wäscheputzer und im Besitze einer Uhr resp. eines Wäschestückes, worüber durch Zeugen sicher gestellt ist, dass sie Eigenthum des B. waren, und behauptet nun der Besitzer, er habe das Objekt von B. gekauft oder als Schenkung erhalten, dieser sagt aber, er habe ihm den Gegenstand nicht käuflich sondern zur Reparatur übergeben und fordert ihn nun zurück, in diesem Falle ist A. selbst, wenn B. bei der Uebergabe nicht erwähnt hatte, zu welchem Zwecke er dem A. den Gegenstand übergeben habe und sogar wenn die Uebergabe nicht vor Zeugen geschehen ist, und Zeugen den Gegenstand jetzt bei A. gesehen haben und bestimmt wissen, dass er derselbe ist, der Eigenthum des B. war, gehalten, das Objekt dem B. zurück zu geben, selbst wenn Ersterer mehrere Jahre im Besitz derselben war, weil bei einem Handwerker der Rechtssatz: „Der Besitz eines Mobils spricht für dessen Eigenthum הזקה מה שנמצא ביד אדם הוא שלו keine Anwendung findet, vielmehr gilt hier der Grundsatz דמסתמא לתקנו מסרו לידו" So lange nicht das Gegentheil bewiesen ist, wird vorausgesetzt, dass der Gegenstand bloss zur Reparatur übergeben wurde[1]). Wäre aber nicht erwiesen, dass der Gegenstand noch jetzt im Besitz des A. sich befinde, obgleich die Uebergabe des B. vor Zeugen mit der ausdrücklichen Erklärung stattgefunden hat, sie habe den Zweck, dass A.

---

[1]) Baba Bathra 42ᵃ, 45ᵃ, 47ᵃ; Maim. c. 9 § 1; Choschen Mischpat c. 134 § 1. Siehe Beth Josef und Meirath Enajim gl. 4. Nach der Ansicht des R. Salomoben Adreth רשב"א würde ein ungewöhnlich langer Besitz selbst bei einem Handwerker אומן das Ersitzungsrecht erwirken.

den Gegenstand reparire und ihn sodann dem B. zurückgebe, so gewinnt die Behauptung des A., er habe den Gegenstand nachher von B. gekauft, Glaubwürdigkeit durch die מגו d. h. er hätte gegen B. einwenden können (החזרתי), ich habe die Sache bereits zurückgegeben, daher ist in diesem Falle dem A. das Recht zuzuerkennen[1]).

§ 43.
Fortsetzung.

Hat der Handwerker seinen Beruf aufgegeben ירד מאומנתו, so ist er bezüglich jener Mobilien, in deren Besitz er nach dem Verlassen seines bisherigen Berufes gelangt ist, einem jeden anderen Besitzer gleich und so die Sache nicht zum Ausleihen und Vermiethen bestimmt ist, findet wieder der Rechtssatz: „Was Jemand besitzt, spricht für dessen Eigenthum" (חזקה מה שביד אדם הוא שלו) seine volle Rechtskraft und es ist ihm die Ersitzung zuzuerkennen. Bezieht sich aber der Streitfall auf Mobilien, in deren Besitz er während des Betriebes seines Handwerkes gelangt war, da sind die Meinungen getheilt. Nach der Ansicht der Tossafisten kann er die Ersitzung nur dann erlangen, wenn die Sache, nachdem er sein Handwerk aufgegeben hatte, länger als es in solchen Fällen zu geschehen pflegt, in seinem Besitze war. Maimuni u. A. hingegen sprechen ihm, ohne Rücksicht auf die Dauer des Besitzes, sofort die Ersitzung zu[2]).

§ 44.
Der Sohn des Handwerkers.

Hat der Handwerker seinen Beruf nicht aufgegeben und ist er, während er im Besitze einer Sache war, gestorben, und behauptet sein Sohn, der dieses Handwerk nicht betreibt, sein Vater habe das Objekt gekauft, es gehöre daher ihm, als dem Erben seines Vaters, so erlangt er ebenso wenig

---

[1]) Nach dem Rechtssatze המפקיד אצל חברו בעדים אין צריך להחזיר לו בעדים wenn Jemand eine Sache vor Zeugen in Verwahrung gibt ist, der sie übernommen, nicht gehalten, dieselbe vor Zeugen zurückzugeben. Baba Bathra a. a. O.; Maim. c. 9 § 2; Choschen Mischpat c. 134 § 5.

[2]) Baba Bathra 47ᵃ; siehe Tossefoth s. v. ירד; Maim. c. 9 § 3; Choschen Mischpat 134 § 5.

die Ersitzung als sein Vater sie erlangt hätte. Behauptet der Sohn aber, dass der Kläger in seiner Gegenwart dem Vater eingestanden habe, dass er ihm die Sache verkauft habe, oder behauptet der Sohn, er selbst habe sie gekauft, so erlangt er das Ersitzungsrecht[1]).

Anmerkung. Nach röm. Recht ist bei Mobilien die Ersitzung in drei Jahren vollendet. Dernburg, (Pandekten S. 505 § 221).

II. Capitel.
Besitz von lebenden Gegenständen.
§ 45.
Thiere.

Eine besondere Art der Mobilien bilden die Moventien, d. h. was sich durch eigene Lebenskraft bewegt, dahin gehören 1. Thiere בהמות und 2. Sklaven עבדים. Diese sind bezüglich der Ersitzung von allen anderen Mobilien verschieden. הגודרות אין להן חזקה „Bei Kleinvieh genügt der Besitz nicht als Beweis des Eigenthums", weil dieses gewöhnlich in den Gassen und auf freien Plätzen ohne besondere Aufsicht zu sein pflegt, deshalb es sich häufig trifft, dass es in das Gebiet eines Anderen geht[2]).

Wenn A. im Besitze von Kleinvieh ist und B. durch Zeugen beweist, dass dasselbe ihm eigenthümlich gehört habe und es nun von A fordert, dieser aber behauptet, es von B gekauft zu haben, so ist dem B. das Eigenthumsrecht zuzuerkennen und A. ist gehalten, ihm das Objekt zurückzustellen. Wurde aber das fragliche Thier stets bewacht, oder war es einem Hirten übergeben, unter dessen Aufsicht es selbst des Morgens und des Abends, wenn es auf die

---

[1]) Baba Bathra und Maim. a. a. O. Choschen Mischpat § 6.
[2]) Baba Bathra 36a; u. m. a. O.; Maim. c. 10 § 1; Choschen Mischpat c. 135 § 1. Ob ein dreijähriger Besitz die Ersitzung erwirkt, darüber sind die Ansichten getheilt. Nach Maim. a. a. O. genügt auch diese Zeit des Besitzes nicht. Hingegen ist רשב"ם zur angeführten Stelle der Meinung, dass ein dreijähriger Besitz die Ersitzung bewirkt. Siehe Magid Mischna a. a. O. u. Sifse Kohen Choschen Mischpat c. 135 Glosse 3.

Weide geht und von derselben zurückkehrt, steht, so dass es nicht in ein fremdes Gebeit laufen kann, dann ist der Besitz desselben gleich dem der anderen Mobilien und das Ersitzungsrecht ist dem A. zuzusprechen[1]).

§ 46.
Sklaven.

Der Besitz von Sklaven (עבדים), deren Körperkraft schon so weit entwickelt ist, dass sie allein zu gehen vermögen, ist gleich dem Besitz von Immobilien, die zur Ersitzung einen dreijährigen, unangefochtenen Besitz nebst einem Titel erfordern, um als Beweis des Eigenthums zu gelten. Der Rechtssatz: Der Besitz eines Mobils beweist das Eigenthumsrecht an demselben:" חזקה מה שנמצא ביד אדם הוא שלו findet bei Sklaven so wenig wie bei Thieren Anwendung, weil es doch leicht möglich ist, dass der Sklave eigenmächtig dem Herrn entlaufen ist und bei den gegenwärtigen Besitzer Zuflucht gesucht und gefunden hat[2]).

Bei einem Sklavenkinde hingegen, das noch nicht gehen kann, genügt wie bei anderen Mobilien der gegenwärtige Besitz zur Ersitzung[3]).

---

[1]) Baba Bathra a. a. O.; Maim. c. 10 § 2; Choschen Mischpat c. 135.
[2]) Baba Bathra 28ª, 36ª; Maim. c. 10 § 4; Choschen Mischpat c. 135 § 2.
[3]) Baba Bathra 36ª; Maim. und Choschen Mischpat a. a. O.

Fünfter Abschnitt.
Von den Servituten.

I. Capitel.
§ 47.
Begriff der Servituten.

Servituten (שעבור, רשות להשתמש, Dienstbarkeiten) sind dingliche Rechte an fremden Eigenthum zur Benützung bestimmter Grundstücke zu bestimmten Zwecken. יש הזקה שאינה לגוף הקרקע אלא להשתמש כדרך שהחזיק להשתמש וכאשר יסיר תשמישתו ישאר המקום פנוי לבעליו „Es gibt ein Besitzrecht an dem Grundstück eines Anderen, welches nicht in dem Besitz des Grundstückes selbst besteht, sondern in der Benützung desselben für bestimmte Zwecke und so diese Benützung aufhört, ist das Objekt freies Eigenthum des Eigenthümers[1]).

In Folge der Servituten tritt die belastete Sache in den Dienst der Interessen des Servitutsberechtigten. Die Servitut nimmt also den Gebrauchswerth oder einen Theil desselben in Anspruch. Sie beschränkt wohl den Eigenthümer, hebt aber sein Recht nicht auf.

§ 48.
Haupteintheilung der Servituten.

Die Servituten im Allgemeinen werden eingetheilt in affirmative (עשיות) und in negative (מניעות, אזהרות). Affirmativ sind diejenigen, welche eine unmittelbare Einwirkung auf das dienende Grundstück gestatten. A. erlaubt dem B. eine

---

[1]) Tur Choschen Mischpat c. 153 vergl. Dernburg, Pandekten S. 550 § 235.

Rinne zum Abflusse der Regentraufe in seinen Hof zu führen, oder einen Balken durch die Mauer des B. in den Luftraum des A. zu ziehen, das ist eine affirmative Servitut. Dass aber dem B. nicht gestattet ist, eine Thüre oder ein Fenster in den Hof des A. ohne dessen Erlaubniss durchzubrechen, ist eine negative Servitut, die im blossen Verbietungsrecht besteht. Gestattet aber A. dem B. den Durchbruch einer Thüre oder eines Fensters, so erlangt B. ein Servitutsrecht, dass wohl affirmativ ist, sich jedoch auf sein Eigenthum beschränkt. Wir können daher die Servituten eintheilen in solche, die zur bestimmten Benützung eines bestimmten Grundstückes, welches Eigenthum eines Anderen ist, berechtigt, und in solche, welche die gesetzliche Beschränkung im Gebrauche des eigenen Grundstückes aufhebt. Im ersten Falle belastet das eine Grundstück, welches das Herrschende zu nennen ist, ein anderes, welches das Dienende ist; im zweiten Falle aber befreit das gesetzlich herrschende, das seinetwegen beschränkte von der Last.

§ 49.
Fortsetzung.

Gleich dem römischen Rechte räumt auch das talmudische dem Eigenthümer die Befugniss ein, innerhalb der Grenzen seines Grundstückes nach Belieben zu schalten und zu walten, ohne Rücksicht auf die Intressen der Nachbarn אדם יכול לעשות בשלו כל מה שירצה. Nach dem strengen Rechte darf der Eigenthümer auf seinem Acker oder in seinem Gebäude eine jede ihm beliebige Umgestaltung vornehmen, wenn es auch dem Nachbar missfällt. „An der Grenze aber endigt sein Recht. Ueber die Grenze hinaus darf er keine Bauten Erker hervorragen, seine Bäume nicht wachsen lassen. So theilt ein einfacher Grundsatz einem jeden das Seine zu"[1]). Doch wenn je, findet hier das summum jus summa saepe injuria seine volle Anwendung. Darum war es nöthig, durch mancherlei andere Rechtsätze mildernd einzugreifen und zu

---

[1]) Siehe Dernburg, Pandekten S. 458 § 199.

verhindern, dass die Rechte des Eigenthümers zu übermässigem
Nachtheile der Nachbarn oder gar zur Beschädigung einer
ganzen Gegend ausgebeutet werden. Es ist daher eine Forderung der Billigkeit, dass der Eigenthümer nicht böswillig, bloss
um den Nachbar zu kränken, von seinem strengen Rechte
Gebrauch mache, sondern er muss sich unbedeutende, momentane Grenzüberschreitungen gefallen lassen, wie z. B.
eine Leiter, die keine vier Stufen hoch ist[1]) סולם צורי auf
dem Grunde des Nachbars zum zeitweiligen Gebrauche aufzustellen.

So entstanden die talmudischen Gesetze, welche die Rechte
des Eigenthümers beschränken und für alle Fälle, theils aus
Rücksicht für das Gesammtwohl und theils um die Nachbarn vor empfindlichem Schaden zu wahren, Rechtsnormen
vorschreiben.

Diese Gesetze sind im Talmud Baba Bathra 17a bis 27b
und 58b—60b weitläufig behandelt, von Maim. Schechenim c. 7
bis c. 12 und Choschen Mischpat c. 153—156 codificirt und bilden
einen eigenen Theil der talmudischen Rechtslehre; es genügt
daher in dieser Abhandlung die Hauptmomente anzudeuten.
Diese sind.

1. Zu verhüten, dass dem Nachbar kein wirklicher
materieller Schaden zugefügt werde, wie z. B. eine Grube
zu graben in unmittelbarer Nähe der Mauer des Nachbars,
oder das Leiten der Traufe oder eines Ausgusses auf fremden Grund.

2. Dass der Nachbar durch Entziehung von Licht und
Luft in der Benützung seiner Wohnung nicht gestört werde
wie z. B. durch Erhöhung einer Mauer vor seinem Fenster.

3. Alles zu unterlassen, was dem Nachbar besondere
Unannehmlichkeiten machen würde, z. B. das Durchbrechen
einer Thüre oder eines Fensters in seinen Besitz, wodurch
sein Thun und Lassen dem Auge fremder Personen ausgesetzt wäre und alle seine Worte und Bewegungen zu seinem

---

[1]) Baba Bathra 58b, 59a; Maim. Schechenim c. 8 § 4; Choschen
Mischpat c. 153 § 13.

Nachtheile missbraucht werden könnten (היזק ראיה) und endlich

4. den Nachbar zu schützen, dass ungewöhnliche, geräuschvolle Arbeit oder ekelhafte Gerüche, Dünste, Staub und Rauch seine Ruhe und sein Wohlbehagen nicht stören und den Aufenthalt in seinem Hause unmöglich machen. קוטרא ובית הכסא.

1 Anmerkung. Das römische Recht theilt die Servituten in Praedialservituten und in persönliche Servituten ein. Praedialservituten sind mit einem Grundstücke verknüpfte, zu dessen Nutzen bestimmte dingliche Rechte an fremdem Eigenthum. Sie fordern also ein herrschendes und ein dienendes Grundstück. Die Praedialservitute stehen dem jeweiligen Eigenthümer des herrschenden Grundstückes zu. Sie gehen auf jeden Nachmann des ersten Erwerbers über; sie verbinden sich also der Art mit dem Grundstücke, dass sie ihm wie eine Eigenschaft zugehören, oder besser, was meist dem allgemeinen Gedanken der Römer entspricht, das Grundstück ist das Medium, an welches das Recht des jeweiligen Eigenthümers geknüpft ist. Folgerichtig ist die Praedialservitut vom herrschenden Grundstücke nicht trennbar, nicht einmal der Gebrauch ist übertragbar. Persönliche Servituten hingegen haben den Zweck, einer bestimmten Person für ihre Lebenszeit eine Sustentation zu gewähren, insbesondere ihr eine lebenslängliche periodische Einnahme zu verschaffen. Das Kapital soll voll und ganz beim Eigenthümer bleiben, der Ertrag aber ganz oder theilweise dem Servitutsberechtigten zustehen (קנין פירות). Das Personalservitut ist beschränkt auf die Person des Berechtigten und endet mit dessen Tod. (Dernburg, Pandekten S. 560 § 238).

Die Praedialservituten theilen die römischen Juristen in Felddienstbarkeiten (servitutes praediorum rusticorum) und in Gebäudedienstbarkeiten (servitutes praediorum urbanorum). Zu den Felddienstbarkeiten gehören Rechte auf Weg- (Iter) Fusssteig, das Recht zu gehen, zu reiten oder überhaupt für den Transport der Personen aber nicht der Sachen; actus d. i. das Recht Vieh über das dienende Grundstück zu treiben und via d. i. das Recht zu fahren; sie enthält auch die Befugniss Vieh zu treiben und zu gehen. Ferner gehören hieher Rechte auf Wasser (Servitutes aquaeductus), sowie auf landwirthschaftliche Nutzungen. Zu den Gebäude-Servituten gehören die Rechte auf bauliche Constructionen des herrschenden Gebäudes auf fremden Grundstücken und auf Aussicht und Licht. Endlich unterscheidet man noch ständige Servituten (Serv. continuae) und nichtständige (discontinuae). Ständig sind diejenigen, welche einen dauernden Zustand zum Inhalte haben und welche man beliebig ausüben kann, wenn auch eine ununterbrochene Ausübung physisch nicht denkbar ist. Nichtständig sind hingegen diejenigen, die nur zu gewissen Zeiten oder bei gewissen Gelegenheiten ausgeübt werden dürfen z. B. das Recht, die Ernte abzuführen oder die Frühjahrsbewässerung. (Dernburg, Pandekten S. 563—565 § 239).

2. Anmerkung. Die wichtigste der Personalservituten ist der Niessbrauch (usus fructus) (קנין פירות); während die Praedialservitut die Nutzung der dienenden Sache nur in begrenzter Weise in Anspruch nehmen, gewährt der Niessbrauch, die volle Nutzung. Aus diesem Grunde wurde (im Talmud Gittin 47b; Baba Bathra 136b u. a. O.) die Frage aufgeworfen: ob das Recht des Niessbrauchs dem Eigenthumsrechte an dienendem Grundstücke gleiche oder nicht קנין פירות כקנין הגוף דמי או לאו כקנין הגוף דמי (Siehe Maim. Sechija Umatna c. 12 § 13; Bikurim c. 4 § 6; Choschen Mischpat 257 § 5; vergleiche Maim. Mechira c. 23 § 5—9; Choschen Mischpat c. 211 § 4—6).

Der Gatte ist der gesetzliche Nutzniesser des Vermögens der Gattin und zwar von den נכסי מלוג. Der Gatte hat ein Personalservitut an den Gütern seiner Gattin הבעל אוכל פירות של נכסי מלוג של האשה (Maim. Ischoth c. 22; Eben Haeser c. 85).

Ob und unter welchen Modalitäten der Gatte diese seine Servitut zu verkaufen berechtigt ist, darüber vgl. Ketuboth 80a; Maim. Ischot c. 22 § 20; Eben Haeser c. 85 § 17, 18).

So lange das Gesetz vom fünfzigsten Jahre als Jobeljahr in Kraft war (בזמן שהיובל נוהג), war in Palaestina ein jeder Kauf von Feldern eigentlich nur eine Servitut des Fruchtgenusses קנין פירות, da im Jobeljahre das verkaufte Grundstück an den Verkäufer als dessen Erbbesitz wieder zurückfiel; doch konnte der Käufer während dieser Zeit, d. i. bis zum Jobeljahre, das Feld verkaufen oder vererben, es war somit keine persönliche Servitut. Siehe hierüber Gittin 48ᵃ und Tosefoth s. v. אי.

II. Capitel.
Servituten-Ersitz.

§ 50.
Bestimmung der Ersitzung.

Der talmudische Begriff חזקה „Festhalten, in Besitz haben", wird sowohl bei Eigenthumsersitzung als bei Servitutenersitzung angewendet, jedoch mit dem Unterschiede, dass bei ersterer die zur Ersitzung erforderliche Dauer des ungestörten Besitzes genau bezeichnet ist, während bei letzterer eine Zeitbestimmung des Besitzes nicht angegeben ist. Bei der Eigenthumsersitzung ergänzt die Mischna den Begriff חזקה durch die Beifügung שלש שנים und der Talmud erklärt deutlich, dass der dreijährige Besitz ununterbrochen und unangefochten sein muss. Bei der Servitutenersitzung hingegen fehlt dieser Zusatz in der Mischna und die Erklärung im Talmud und es wird bloss die unklare Bestimmung חזקה angegeben, ohne dass erklärt wird, wie lange der Besitz dauern müsste, um das Recht der Ersitzung zu erlangen. Ferner stellt die Mischna bei der Eigenthumsersitzung die Bedingung, dass der Besitzer einen Rechtstitel für seinen Besitz angeben müsse כל חזקה שאין עמה טענה אינה חזקה; bei dem Servitutenersitz hingegen wird dieser Bedingung keine Erwähnung gethan.

Diese Unklarheit im Texte der Mischna und des Talmuds gab Anlass zu einer Streitfrage zwischen den mass-

gebendsten nachtalmudisch-juristischen Autoritäten, welche
die erwähnten dunklen Stellen verschieden aufgefasst und
erklärt haben.

Die Gaonim, denen Maimûni[1]) beipflichtet, unterscheiden zwischen חזקה der Servituten und חזקה der Eigenthumsersitzung. Bei dieser, wo es sich um die Uebertragung des
Eigenthums eines Grundstückes handelt, ist in Ermangelung
eines Documents oder Zeugenbeweises der Nachweis erforderlich, „dass der Besitzer drei nacheinander folgende Jahre
unangefochten im Besitz und Genuss des Grundstückes gewesen, und dass er die Rechtmässigkeit des Besitzes mit
dem Titel des Kaufes oder der Schenkung begründe, um
die Ersitzung zu erwirken. Daher die ausdrückliche Erklärung des Begriffes חזקה in Mischna und Talmud חזקת שלש
שנים רצופי' ויש עמה טענה. Hingegen bei Servitutenersitzung,
wo es sich um kein Eigenthumsrecht, sondern bloss um
Dienste שעבוד an einem Grundstücke handelt, um Dienste,
die Nachbarn nicht selten einander zuzugestehen pflegen,
und wobei im entgegengesetzten Falle der Eigenthümer sofort
dagegen Einsprache macht, genügt es zur Ersitzung, wenn
der, welcher das Recht hat dem Nachbar die Benützung
zu verbieten, es stillschweigend zusichert und keinen Ein-
wand dagegen erhebt; dieses unangefochtene Zulassen der
Benützung ist schon ein sprechender Beweis dafür, dass
er freiwillig auf sein Recht zu des Nachbars Gunsten verzichtet und ihm das Servitutsrecht eingeräumt hat. Aus
diesem Grunde begnügten sich Mischna und Talmud mit der
einfachen Angabe חזקה, weil hier weder ein dreijähriger Besitz noch ein Titel erforderlich ist[2]).

R. Jacob Tam, R. Jona, sowie R. S. ben Adret (רשב"א)
hingegen behaupten, dass die Erklärung des Begriffes חזקה
bei Eigenthumsersitz sich auch auf den Servitutenersitz
erstrecke und dass so wie bei jenem auch bei diesem ein
dreijähriger unangefochtener Besitz stattfinden müsste und

---

[1]) Maim. Schechenim c. 11 § 4; Siehe Maggid Mischna das.
[2]) Maim. a. a. O. Tur Choschen Mischpat c. 153 und 155; R. J.
bar Scheschet ריב"ש Resp. 471.

ebenso bei dem Servitutenersitz ein Titel des Kaufes oder der Schenkung erforderlich sei[1]).

In der Mitte dieser beiden Ansichten steht die des R. Samuel ben Meir[2]) (רשב"ם) im Namen der Tosafisten. Nach dieser Meinung erfordert die Servitutenersitzung gleich der des Eigenthums einen Titel טענה, jedoch ist ein dreijähriger Besitz nicht erforderlich, sondern es ist zur Ersitzung der Servituten die Benützung in Gegenwart des Eigenthümers, wenn auch nur eine kurze Zeit, hinreichend[3]).

R. Josef Karo (מחבר) im Choschen Mischpat c. 153 § 2, 6, 16, c. 154 § 12 und c. 155 § 35 stellt die Ansicht der Gaonim und des Maimûni als gesetzlich massgebend auf, R. Moses Isserls (הגהות רמ"א) in seinen Glossen zu den bezeichneten Stellen citirt die Ansicht des R. Jacob Tam und R. Ascher mit der Bezeichnung ויש אומרים „Einige behaupten", ohne jedoch zu entscheiden; bloss c. 155 § 35 bemerkt er וכן ראוי להורות und entscheidet somit für die Ansicht der Gaonim und Maimûnis. (Siehe Meirath Enajim zu Choschen Mischpat c. 153, Glosse 32 und vergleiche hiemit das oben § 47 Gesagte.)

§ 51.
Servituten ohne Ersitzungsrecht.

Es gibt Servituten, die kein Ersitzungsrecht erlangen und zu jeder Zeit verboten werden können. Dahin gehören:
1. Die Aufstellung eines Töpfer- oder Bäckerofens in

---

[1] Tur a. a. O. R. Ascher Baba Bathra Abschn. 1 § 12 und Maggid Mischna a. a. O.

[2] Baba Bathra 6ª; s. v. אחזיק להורדי.

[3] Siehe Tur Choschen Mischpat c. 153; nach dessen Ansicht wäre selbst nach der Meinung der Tosafisten nur bei minder werthvollen Servituten eine dreijährige Benützung nicht erforderlich; hingegen muss bei wichtigen, die man nicht leicht zu bewilligen pflegt, wie z. B. das Durchbrechen einer Thüre oder eines Fensters oder das Anbringen einer Rinne zum Abfluss des Wassers u. d. g., worüber gewöhnlich eine Urkunde ausgestellt wird, nebst dem Titel auch ein dreijähriger unangefochtener Gebrauch vorausgehen, um die Ersitzung zu erlangen; vergl. Beth Josef c. 153 zur angeführten Stelle.

der unmittelbaren Nähe des nachbarlichen Gebäudes, weil die vielen und grossen Rauchwolken, selbst bei gewöhnlichem Luftzuge, in alle Räume des Nachbarhauses dringen und den Aufenthalt in demselben unerträglich machen.

2. Die Anlage eines Magazins, aus welchem Staubwolken unaufhaltsam dringen, in der unmittelbaren Nähe des Nachbar-Hauses, weil durch die Staubmassen das Aus- und Eingehen in das Haus und selbst das Bewohnen desselben sehr beschwerlich wird.

3. Das Anbringen eines ungedeckten Anstandsortes innerhalb der gesetzlich festgesetzten Entfernung vom Hause des Nachbars; weil die üblen Gerüche und Dünste schädlich für die Gesundheit der Hausbewohner sind, und endlich:

4. Beschäftigungen, durch welche die Nachbargebäude heftig erschüttert und dadurch beschädigt zu werden pflegen.

Bei allen diesen nützt selbst ein dreijähriger ungestörter Besitz nicht, um die Ersitzung zu erlangen, und sie müssen über Aufforderung des Nachbars sofort entfernt werden, weil es selbstverständlich ist, dass Niemand zu solchen Servituten, die völlig unerträglich sind, für immerwährende Dauer freiwillig seine Einwilligung gibt. העשן ובית הכסא והאבק וכיוצא בו ונדנוד הקרקע שכל אחד אין לו חזקה ואפי' שתק הניזק כמה שנים הרי זה חוזר וכופהו להרחיק לפי שאין דעת סובלת נזק מאלו וחזקתו שאינו מוחל שהזיקו היזק קבוע[1].

§ 52.
Fortsetzung.

Das Durchbrechen eines Fensters in seinem Gebäude mit der Aussicht in das Haus oder in den Hof des Nachbars ist aus dem Grunde nicht gestattet, weil der letztere dadurch, dass alle seine Bewegungen und Handlungen durch das geöffnete Fenster beobachtet, alle seine Worte und Thaten belauscht werden, sehr leicht zu Schaden kommen kann היזק ראיה. Darüber, ob dadurch, wenn A. in seiner Mauer ein Fenster gegen den Hof des B. durchgebrochen und drei

---
[1] Maim. Schechenim c. 11 § 4; Choschen Mischpat c. 155 § 36. Siehe Baba Bathra 23ᵃ, 50ᵇ; und Tosefoth 23ᵃ s. v. בקוטרא.

Jahre dasselbe geöffnet hielt, ohne von B. angefochten zu werden, für A. das Servitutsersitzungsrecht entsteht, oder ob dies gleich den im § 50 erwähnten Fällen zu keiner Ersitzung berechtige, sind die Ansichten getheilt. Nach der Meinung des R. J. Alfasi und R. Moses Nachmani kann dem A. die Ersitzung nicht zuerkannt werden אין חזקה להיזק ראי' דכקוטרא ובית הכסא דמי דיכול לומר סבור הייתי לקבל ואי"א לקבל Hingegen Maim. u. a. Decisoren behaupten יש חזקה להיזק ראי' und erkennen dem A. die Ersitzung[1]).

Anmerkung. Bei den Römern erlitt die Servitutenersitzung mehrere Veränderungen in den verschiedenen Zeiten. Ursprünglich wurde die Usucapio auch auf die Servituten angewendet, so dass die Uebung einer Sesvitut in kurzer Frist zum Rechte wurde. Ob die Usucapio sich auf alle Servituten oder nur auf einzelne Arten erstreckte, darüber sind die römischen Rechtslehrer getheilter Meinung. (Siehe Dernburg, Pandekten § 252 Note 2). Als man jedoch einsah, dass dieser Modus der Ersitzung lästig und schädlich für die Eigenthümer war, so wurde durch ein lex Scribonia die Usucapio der Servituten aufgehoben. Allein hiedurch kam man von einem Extrem in das andere.

Die laxen Anforderungen der Usucapio hatten die Gefahr mit sich gebracht, dass nachbarliche Gefälligkeiten oder auch Usurpationen zu Rechten wurden. Dem entgegen zu treten war wohl zweckmässig, aber die gänzliche Ausschliessung der Servituten hatte eine sehr bedenkliche Seite. Denn althergebrachte Servituten verlieren im Laufe der Zeiten oft die Möglichkeit des Nachweises ihrer ursprünglichen Erwerbstitel, die in Vergessenheit gerathen sind; sie finden dann ihre Deckung in dem Institute der Ersitzung, nach welcher ihre langjährige Uebung ausreicht. So sah man sich in der Kaiserzeit veranlasst, eine neue Art der Servitutenersitzung die longa possessio einzuführen. Man setzte die Zeit auf zehn Jahre, wenn der Ersitzende und der Eigenthümer in

---

[1]) Maim. c. 7 § 6; u. Maggid Mischna Tur Choschen Mischpat c. 154; siehe Beth Josef das. Schulchan Aruch Choschen Mischpat c. 154 § 7.

derselben Provinz wohnten — inter praesentes — auf zwanzig Jahre, wenn sie in verschiedenen Provinzen wohnten — inter absentes. Ferner setzte man voraus, dass der Ersitzende mit dem Willen, von einem Rechte Gebrauch zu machen, dasselbe ausgeübt habe, und dass die Uebung während der gesammten Zeit dem Eigenthümer gegenüber weder gewaltsam (vi) noch heimlich (clam) noch bittweise (precario) war, also weder eine Usurpation noch einen Missbrauch seiner Gefälligkeit enthielt. Bezüglich des Rechtstitels stempelte die ältere gemeinschaftliche Theorie die Requisite der Eigenthumsersitzung zu generellen Voraussetzungen der erwerbenden Verjährung und wendete sie auch auf die Servitutsersitzung an. Demgemäss forderte sie für die Servitutsersitzung einen Titel wie für die Ersitzung des Eigenthums. (Dernburg, Pandekten § 252).

§ 53.
Grenznachbar-Recht.

Gleichwie es dem rechtmässigen Eigenthümer frei steht seine Grundstücke zu verkaufen, ebenso ist ein jeder berechtigt, beliebige Objekte zu kaufen. Die talmudische Rechtslehre hat jedoch aus Billigkeitsrücksichten verordnet, dass dem nächsten Grenznachbarn gegen alle anderen Käufer das Vorrecht zustehe, und zwar um denselben Kaufpreis, den der Verkäufer von den anderen Käufern gefordert und erhalten hätte. דינא דבר מצרא משום ועשית הישר והטוב בעיני ה׳. A. und B. sind Grenznachbarn; A. will sein Grundstück verkaufen oder es wird ihm gerichtlich verkauft, in diesem Falle darf ein Anderer nur dann als Käufer das Objekt in Besitz nehmen, wenn B. seinerseits auf sein Vorrecht verzichtet hat und nicht als Käufer erscheinen will; widrigenfalls steht B. selbst dann das Recht zu, wenn das Grundstück von einem Anderen gekauft wurde, dem Käufer den Kaufpreis zu geben und das Objekt für sich in Besitz zu nehmen.

Hiedurch wird das Eigenthumsrecht des Verkäufers nicht beschränkt, da es A. doch gleichgiltig sein kann, wer der Käufer ist, wenn er nur den festgesetzten Preis erhält und keinen Schaden erleidet. Ueberdies findet doch hier die Reciprocität statt, da doch A. dasselbe Recht eingeräumt ist, wenn B. oder ein anderer seiner Grenznachbarn ihr Grundstück verkaufen würden. Die Beschränkung erleiden bloss die Käufer, auf die aber weniger als auf den angrenzenden Nachbar Rücksicht zu nehmen ist, da diese nicht so wie jener an dem Besitze dieses Objektes besonderes Interesse haben und leicht ein anderes Objekt kaufen können. Uebrigens hat dieses Vorrecht bloss beim Verkaufe, nicht aber bei einer Schenkung oder beim Antritt eines Erbes Geltung und es finden dabei noch viele Ausnahmen statt. Da dieses Recht bloss scheinbar, nicht aber in Wirklichkeit eine Servitut ist, so möge für unsere Abhandlung die Andeutung darauf genügen. Ausführliches hierüber, sowie über die Fälle, wo mehrere Grenznachbarn sind, siehe Baba Mezia 108a; Maim. Schechenim c. 12 u. 13; Choschen Mischpat c. 175.